一年四季賞花輕旅行

邂逅臺灣之美，
花現四季繽紛色彩

陳怡珊13 著

目錄

目錄

Part3 秋天
楓紅黃葉忘憂

Part4 冬天
雪白梅花詠詩

推薦序

臺灣四季，各自精采

臺灣四季，各自精采。

而我的好友——13，一步一腳印地將其風采細細收藏，成就了這一本：記錄臺灣美好四季之作。

說起13與我，得從十年前說起！因為同公司的緣分，讓我們漸漸成為了無話不談的好朋友，由於興趣（臭味？）相投，喜愛旅行、熱衷攝影、愛享美食的我們，常結伴出遊，足跡遍布海內外，旅行中與她共創的回憶實在太多太多，都是彼此不可或缺的好旅伴。我相信，每個人身邊一定都會有這樣一位不容取代的旅伴，而她，就是我的！

「喜歡在旅行中邊玩邊看世界，用快樂的角度來體驗生命」——這是我對13長久以來的印象。她是個帶給大家歡樂的人，鏡頭下記錄的景色，充滿熱忱及溫度，筆下的文字，帶著感性地寫出當下的心情，用一篇篇圖文並茂的旅記，帶領著讀者進入她充滿熱情的旅行世界，她，就是有這等感染力之人。每每在閱讀她的旅記時，總是能感受到這位小女生內心的細膩及滿滿的熱力。

Vita. 趣旅行

而今，看到她終於有了第一本記錄旅行生涯一小隅的作品問市，著實心中替她開心萬分！是的，這只是她旅行中的一小角，她還有好多精采的旅記還壓在箱底，大家趕緊敲碗讓她「生」出來啊！這是第一本，而我已經在期待她的第二本、第三本……身為她的旅伴亦是讀者之一的我，迫不及待地先在這幫大家發聲囉！

而這一本以「臺灣四季花季」為主題的旅行書，記錄下臺灣由北至南各地季節限定的精采，以春、夏、秋、冬四季分類，一一分享了各時節的美妙花季，從春天粉嫩的櫻花季、熱情如火的木棉花、令人驚豔的黃花風鈴木，到初夏的油桐飛雪、澄黃的金針花海、浪漫的繡球花季，再到秋季的各地盛大花海節、杭菊飄香、深山裡的紅楓片片，最後來到冬日的紫色薰衣草田、緋紅夢幻的落羽松林、雪白傲梅的優雅，為臺灣四季畫下一個完美的句點……不！它不是句點，而是一個啟承的符號，隔年，又再度精采一回，寶島臺灣，就是四季都有其獨特的風采！

13在書中記錄下的花季，不少都是我同她一起的追花之旅，翻閱其中，也像看了一回我自己的旅行日記。我們都是熱愛自然美景的旅人，各地的花海也是我們旅途中最愛的旅點，同樣的花季，在不同的年分造訪，亦有另一番新鮮的感受，這也是我們會在熱愛的花季，每年都一去再去的原因，只因，想記錄下那心中最美的一刻！這樣的熱情，在13每一次認真按下的快門中、每一筆細心寫下的文字中，你們絕對都能感受得到……跟著我一起翻開內頁吧！那美麗的四季寶島，即將毫不保留地在你們眼前展開！

Part1

春天

萬紫千紅開遍

九族文化村

迎接迷幻夜櫻舞饗宴，七彩櫻花湖教人心醉

搭纜車俯瞰美景

不按牌理出牌的個性，在年假結束的倒數八小時前，我任性地決定一刻也不放鬆地準備狠狠踩住收假的尾巴，盡情從白天玩到黑夜，再痛快地含淚揮別這愉快的九天春節連假。

出遊當日，天氣不是那麼理想，但別在意，今日重點還是放在賞櫻計畫上。少了藍天下爆炸式的桃紅轟炸，賞櫻興致依舊高昂不減，馬上開啟賞遊攻略，先搭乘九族纜車前往觀山樓，再一路玩回入口處吧！隨著纜車緩緩爬升，帶著十八歲少女的心情，內心遙望俯瞰著，吶喊著好想玩馬雅探險呀，想要享受那放聲尖叫的快感；一旁的友人連忙提醒賞櫻才是重點，纜車也隨著移動通過一叢深綠的杉木林，少女心回復了冷靜，最後假期的這天，就留給全臺最美的櫻花吧！

趁著午後的光景，我們漫步穿梭在這美麗的桃粉櫻花林裡，享

賞花期／**2月上旬～2月下旬**

九族文化村

地址：南投縣魚池鄉大林村金天巷45號

電話：049-2895361　**開放時間**：平日9:30～17:00，假日9:30～17:30

官網　地圖

受一席桃紅浪漫襲眼。櫻花的美，唯有面對面近距離地親暱體驗過，才知道那樣嬌羞垂豔的姿態是無比動人的；來到唯美櫻花湖畔，湖底映著迷人的綠影，教人忍不住坐在石堆旁，望著湖裡魚兒戲游，不知不覺，天漸漸地灰黑。

入園費用

全票：780元／個人，700元／團體（團體票是20人以上並搭乘大客車之團體，請前一日電話預約） **學生票**：680元／個人，620元／團體 **兒童票**：580元／個人，520元／團體 **博幼票**：390元／個人，390元／團體（博幼票是指65歲以上長者、孕婦、持有身心障礙手冊者及身障者必要陪伴者一人、3歲以上未滿6歲，無法出示證明者以身高100公分以上未滿120公分幼童適用） **停車費**：大型車100元／輛，小型車100元／輛，機車20元／輛

絢爛的夜櫻森林

高亢的歌聲響起，準備一起和我們迎接夜晚最精采的櫻舞饗宴，精采的原民高唱及交響曲燈光炫舞，揭開了夜迷幻的序幕；貓頭夜鷹才是這座迷幻夜櫻森林的最大守護者，守護著族人們、守護這裡一切浪漫之事，更守護著你我。

當夜燈悄悄燃起的那一刻，盡情地為這片大地的美麗尖叫吧！九族文化村內擁有兩萬多棵的櫻花樹，在寂靜的夜晚，櫻花樹不甘「寂境」，悄悄地圍出了櫻花森林夜之浪漫。走在夜之櫻花森林裡，瘋狂地想找尋浪漫的盡頭，轉身發現，這場綺麗冒險卻毫無止境；每個櫻花森林的角落，都是如此令人驚喜，正沉醉於絢爛櫻花森林的美，瞬間又掉進另一段更教人難以置信的美麗之中，傳說中最浪漫的夢幻「七彩櫻花湖」，再次教人心醉！

隨著交響樂、圓舞曲的推波助瀾，櫻花樹騷首著舞枝，七彩光芒映照出世界最繽紛的色彩，音樂、色彩同時舞動著一顆極致迷醉的心。驚為天人的光影、音樂與櫻樹的絕美演出，稱它為「全臺最美的夜櫻」實在當之無愧，這也絕對是此生必遊一次的「夢幻七彩櫻花湖」鏡花水月之景，令人驚豔、令人讚歎、更令人尖叫，喊破喉嚨也不想回家。✽

周邊景點

日月潭纜車
地址：南投縣魚池鄉中正路102號
電話：049-2850666
營業時間：平日開放時間10:30～16:00／售票時間 10:00～15:30，假日開放時間10:00～16:30／售票時間9:30～16:00

日月老茶廠
地址：南投縣魚池鄉中明村有水巷38號　**電話**：049-2895508
營業時間：9:00～17:00

桃米生態村紙教堂
地址：南投縣埔里鎮桃米里桃米巷52-12號　**電話**：049-2914922
營業時間：9:00～20:00

食在好味

約定幸福Pizza & Coffee
地址：南投縣魚池鄉中明村文化巷2-5號　**電話**：0982-457172
營業時間：每週六、日11:00～18:00

35甕缸雞魚池店
地址：南投縣魚池鄉魚池街923號
電話：049-2896688
營業時間：9:00～19:00

土角厝水上餐廳
地址：南投縣埔里鎮水上巷2號
電話：049-2912201
營業時間：11:00～14:00／17:00～20:00

交通指南

開車　國道3號→214K霧峰系統交流道接國道6號往東→29K愛蘭交流道下左轉接臺14線→（不進埔里）右轉臺21線往魚池→經魚池131縣道→九族文化村。

大眾運輸工具　**火車**：搭乘臺鐵到臺中火車站，轉搭往日月潭方向的南投客運班車，到「九族文化村站」下車。　**高鐵**：搭乘高鐵到臺中烏日站，轉搭往日月潭方向的南投客運班車，到「九族文化村站」下車。　**客運**：搭乘國光客運到埔里下車，轉搭往日月潭方向的南投客運班車，到「九族文化村站」下車。

南投客運

國光客運

日月潭纜車官網　日月潭纜車地圖　日月老茶廠地圖　桃米生態村紙教堂地圖　約定幸福地圖　35甕缸雞魚池店地圖　土角厝水上餐廳地圖

阿里山國家森林遊樂區

穿梭遊訪山林，一睹吉野櫻的風采

賞花期／ **2 月上旬～ 3 月下旬**

阿里山國家森林遊樂區
地址：嘉義縣阿里山鄉中正村59號
電話： 05-2679971　**開放時間**：全年無休，24小時開放

地圖

櫻花如接力賽般綻放

每年的二月到四月間是阿里山櫻花綻放的季節，種類繁多的櫻花如接力賽般，以柔美的嬌態迅速占滿整個阿里山山頭；除了賞花，日出、雲海、森林鐵道火車等，全是阿里山的經典代表。

這回利用春天之際，想來欣賞

美麗的吉野櫻，還要好好感受最美妙的春天氣息。如果喜歡拍照的朋友，建議可以在阿里山山腰邊的「石棹」住上一晚，那邊真的很棒，白天放眼望去一覽無遺的高山美景及滿覆山頭的清新茶園，到了晚上卻又是另一番的山野風情。

可搭乘小火車或用步行方式賞遊阿里山森林遊樂區，鐵道火車共有三條旅遊路線：祝山線（祝山觀日）、沼平線（沼平公園、空中步道、賞櫻）、神木線（賞遊神木區），這天天氣十分涼爽，全程以步行方式，以最貼近的距離一睹吉野櫻的迷人風采，穿梭遊訪在阿里山各景點之間。

吉野櫻夾道歡迎

亮豔的紅色富麗建築，外觀像似一座廟堂，瀰漫著一股古色古香的氣息，就以這座全臺最高、最具特色的阿里山郵局作為此行程的起點。園區內貼心放置了最佳賞櫻路線指示牌，用不同顏色作為賞櫻地區路線的區隔，清楚說明路線的里程及步行所需花費的概約時間。春暖花開的季節最適合上阿里山走走，在春夏季遊走在阿里山這座寶山裡，山櫻花、吉野櫻、紫藤、森氏杜鵑、一葉蘭、木蘭、帝雉、阿里山山椒魚、冠羽畫眉、阿里山鴝、青背山雀等各式各樣的動植物都有可能驚喜地出現在眼前。

新建造好的木作棧道，沿著阿里山車道而建，減少人車爭道的危險，也更能親眼感受到阿里山被群山所擁抱的美麗景致，享受這春天裡最獨特的翠綠與大自然的新鮮。往阿里山派出所的賞櫻必遊路線，此路段兩旁有吉野櫻熱情夾道，路口處還立著詩人余光中的詩，讓阿里山賞櫻之旅宛如置身詩畫般的感受，逐步引領著山林愜意輕鬆的氛圍。阿里山派出所前吉野櫻滿開，拾階而上準備與吉野櫻近距離接觸，派出所建築上的搶眼紅磚面帶著仿舊質感，在視覺裡循序漸進地多了淡雅白色與舒服綠蔭，在陽光照耀下淡雅白成了耀眼的晶白，優雅的吉野櫻正盛開，如此熱鬧迎賓的方式，讓人心喜。

阿里山派出所前，已是阿里山櫻花季必遊景點之一，它最吸睛的特色在於紅白色高塔與派出所的復古味建築，再搭配上盈滿著白花的熱情，沒注意看的話還誤以為是在日本東京賞櫻，一旁的綠叢中還有沐浴在日光櫻景下的海芋花朵，這也是唯獨阿里山上季節限定所擁有的；阿里山櫻花季每年都吸引大批愛好攝影者前來朝聖，不論是鐵道迷還是櫻花迷來到這兒，信念全是一致的，就是想帶回屬於自己心中最美的片刻，當萬眾引頸期盼的阿里山小火車緩緩駛過眼前，坐在鐵道邊坡、櫻樹下等火車，也別有一番雅興。

旅程的腳步繼續來到「沼平車

站」，全新木造的沼平車站外，也是吉野櫻大盛開的據點，日式建築風情與潔白高雅的吉野櫻，再次讓人錯置在日本櫻花盛開的國度中，這裡也是阿里山賞櫻必遊路線不可錯過的經典路段！

在杉木林步道呼吸芬多精

走過了派出所前的賞櫻區、沼平公園及沼平車站賞櫻區，接著即將開始漫遊氛多精最豐富的杉木林步道，必訪景點有姊妹潭、四姊妹、三兄弟、金豬報喜、永結同心、木蘭園、受鎮宮等，都是阿里山相當有名氣的散步景點。緩步漫遊置身在參天高聳的杉林中，享受最舒服自在的每一刻，也可以無憂無慮地卸下塵俗庸擾，將自己融入大自然中，好好沉澱心靈與腳步，回歸與擁抱上蒼所賜予的大地美景，讓旅程寫下這一刻的永恆難忘，最後記得再到阿里山賓館前一睹吉野櫻櫻王的奕奕神采。

大地的翠綠是這個春夏時節裡才享受得到的，好喜歡眼前這個春之大地生意盎然、充滿生機的樣子。走過阿里山的每一吋土地，只要特別留意身邊的小事物，都能發現最美的驚喜。阿里山風景區之所以如此迷人，正是因為它四季多變的風情樣貌，春、夏、秋、冬之四季阿里山早已在等待你的到訪。✻

周邊景點

達娜伊谷自然生態公園
地址：嘉義縣阿里山鄉山美村3鄰51號
電話：05-2513246
營業時間：08:00～17:00

奮起湖老街
地址：嘉義縣竹崎鄉中和村奮起湖168號之1
電話：05-2593900
營業時間：06:00～21:00

圓潭自然生態園區
地址：嘉義縣梅山鄉瑞里一號橋（166線 22.5K處）
電話：05-2502026
營業時間：08:30～17:00

頂石棹琉璃光
地址：嘉義縣竹崎鄉石棹6號附近

交通指南

開車　國道3號→下中埔交流道→接臺18線道（阿里山公路）→指標89K處即可到達。

大眾運輸工具

客運：可搭客運或臺鐵到嘉義火車站，在嘉義火車站出口前搭乘往阿里山路線的嘉義縣公車，即可到達阿里山（終點站）。

嘉義縣公車

食在好味

奮起湖大飯店——御便當本店
地址：嘉義縣竹崎鄉中和村奮起湖178之1號
電話：05-2561888　營業時間：08:30～19:00

山芝鄉風味館
地址：嘉義縣阿里山鄉中正村23號
電話：05-2679839　營業時間：10:00～21:00

達娜伊谷自然生態公園地圖　奮起湖老街地圖　圓潭自然生態園區地圖　頂石棹琉璃光地圖　奮起湖大飯店地圖　山芝鄉風味館地圖

武陵農場

迷戀紅粉佳人，臺灣也有日本櫻

櫻花樹與綠地包圍的露營區

凌晨兩點整裝完畢從南投出發，半夜摸黑上山，山路左彎右拐地早已不知繞過幾座山頭了，實在非常刺激；其中路經武嶺至合歡路段遇上超級濃霧，駕駛人真的需要非常小心且慢行。就在六點天色剛亮之際，終於抵達武陵農場，跟著我直奔雪山登山口的油菜花田處拍攝小屋，開啟武陵農場賞櫻一日遊，由內往外一路玩翻武陵吧！

耀眼的晨曦照耀著大地，雖趕不及拍攝日出，但還是能感受到這疊疊重山之間，天地萬物慢慢甦醒的感動時刻。被美

賞花期／2月中旬～2月下旬

武陵農場

地址：臺中市和平區武陵路3-1號

電話：武陵國民賓館訂客房專線：04-25901259分機2001、~2002，武陵露營區訂位專線：04-25901470、04-25901265

官網　地圖

入園費用

全票：假日160元／人，平日130元／人　**長者**（65歲以上）、**兒童**（小學1年級以上～未滿12歲、115cm～150cm）、**低收入者**：80元／人　**軍公教、原住民、學生、團體**（30人以上）：假日130元／人，平日100元／人　**榮民、身心障礙、幼兒**（6歲以下）、**原住民**（梨山、環山、南山地區）：10元／人　**停車費**：大型車80元／輛，小型車50元／輛，機車10元／輛

麗櫻花樹與綠地包圍的露營區，這裡的帳篷似乎是迷你了些，幾度深深吸引著我的目光注視，但沒一會兒又被一旁鮮豔迷人的「紅粉佳人」迷戀住了。

武陵農場以「紅粉佳人」櫻花數量最多，它是以中國櫻桃和日本櫻花雜交培育成，為武陵農場獨有的櫻花品種，目前栽植數量約有三萬餘株，因此每年武陵櫻花季一到，就是趨之若鶩的壯觀人潮，教人一訪再訪！

抓住了春櫻怒放的時節，紅粉佳人用最嬌嫩的姿態將這片大地徹底「粉紅了」，好美好美的粉紅大地，再再驚豔旅人們的

交通指南

開車　國道6號（或中投快速道路）→埔里→霧社→合歡山→梨山→武陵。

大眾運輸工具　**客運**：可搭客運或臺鐵到豐原，搭乘往梨山方向的豐原客運，在梨山轉搭豐原客運至武陵農場。一天只有一班車，搭車往返時間請參考如下。賞櫻季有交通管制，豐原客運有加開梨山至武陵農場的賞櫻專車。（◆去程：豐原9：10→ 梨山14：20；梨山17：00→ 武陵農場18：00　◆回程：武陵農場6：30→ 梨山7：30；梨山8：00→ 豐原13：20）

豐原客運官網

雙眼。生態區醫療站裡紅粉櫻樹整齊如一地排站出櫻花隧道的幽景，走入其中，櫻花滿簇，更是強烈感受到那最動人、最浪漫的粉紅襲擊，耳邊不時還可聽見鳥兒鳴唱的歌聲，蜜蜂辛勤勞動的嗡嗡來回穿梭，與遊客們的驚呼讚歎聲。

感受不同櫻姿綻放的美

在這裡，繽紛櫻花林下可以乘著櫻花花蔭遮天，或站或坐悠閒慢活地感受著櫻花之美，享受著在櫻花樹下吃著便當，大口扒飯的豪邁快感，更是舒服地大大減去不少冬日裡像夏日烈陽的一股炙熱感；不怕太陽長曬也能來個家庭野餐之武陵日光浴，一家大小偕伴於此，開心在櫻花樹下盡情同享天倫樂。

隨處都能將自己推入這爆炸式的粉色花海之中，一次次讓旅人的腳步駐足流連。穿梭櫻樹間，仔細觀察會發現這裡的櫻花樹有些不同，有些櫻花花瓣與花蕊顏色呈淡粉色，有些則為較深的紅

粉色，花瓣花蕊的不同也意味著櫻樹品種的不同，生態區中其實除了紅粉佳人外，還有不少棵的昭和櫻呢！最簡易的辨別方式就是「聞聞看」，散著淡淡花香的便是昭和櫻！

生態園區其實不大，好適合慢慢走，取不同造景與建築作為最美的櫻花背景，感受不同櫻姿綻放的美態。透過觀景窗看見藍天與粉櫻的浪漫交織，陽光也為他倆見證這最美麗動人的時刻，欣賞著眼前最自然不矯作的美景，再多形容詞都無法說出它完整動人的美，此時不需言語，就單純靜靜地待著，用心感受將一切的美留在心底，讓記憶保存下這最美好的一刻。

四季的武陵農場，總讓人有探訪不完的感動，期待下一次豐富武陵、趣味賞櫻的巡禮再訪。✽

周邊景點

梨山風景管理區
地址：臺中市和平區中正路91-2號
電話：04-25981331

楓之谷1956祕密花園
地址：臺中市和平區中正路91號
電話：04-25981331

福壽山農場
地址：臺中市和平區梨山里福壽路29號
電話：04-25989202

桃山瀑布
導航設定：「武陵停車場」或「桃山登山步道」 **電話**：04-25901020
營業時間：08:00～17:00

梨山風景管理區地圖

楓之谷 1956 祕密花園地圖

福壽山農場官網

福壽山農場地圖

桃山瀑布地圖

食在好味

武陵國民賓館
地址：臺中市和平區武陵路3-1號 **電話**：04-25901259
營業時間：11:30～14:00／17:30～20:00（午餐套餐每人300元，晚餐自助餐每人350元）

武陵富野渡假村巴頓西餐廳
地址：臺中市和平區武陵路3-16號 **電話**：04-25901399 **營業時間**：7:00～10:00／11:30～14:00／17:00～20:30（◆早餐：成人350元、兒童250元 ◆午餐：自助式火鍋，成人350元、兒童260元 ◆晚餐：成人500元、兒童300元，所有時段用餐皆加收+10%）

武陵農場楓林小館
地址：臺中市和平區武陵路3之1號 **電話**：04-25901259 **營業時間**：平日08:00～22:00／假日13:00～22:00

武陵國民賓館官網

武陵國民賓館地圖

巴頓西餐廳地圖

武陵富野渡假村官網

武陵農場楓林小館地圖

大坑濁水巷櫻花園

粉紅浪潮席捲而來，療癒系櫻木花道

賞花期／2月中旬～2月下旬

大坑濁水巷櫻花園

地址：臺中市北屯區濁水巷善本巖旁邊　**電話**：04-2460600（北屯區公所）

地圖

賞櫻前記得做功課

某年看見家人去拍回來的大坑櫻花，當時就超心動也很殘念自己沒跟到，決定說什麼都一定要排除萬難去一趟。

出發前只找了大坑濁水巷的位置地址，完全沒多做功課的我，到了現場才發現「今年有管

制」！濁水巷路口有限定期間及時間的管制，櫻花季準備前往賞櫻花的旅人，記得先做好功課！

來到櫻花園一帶，從遠處俯瞰對面已被染紅頭的櫻花山林，視野真的很棒，就像是一席粉紅浪潮襲捲而來，能很輕鬆地就望見整個毫無保留的美麗櫻花園區。大坑濁水巷櫻花園其實是一個私領域的園區，園內種植了滿園的桂花、櫻花、相思樹、赤松等；彷彿就是一座山林中的大花園，由於園區主人的無私，在每年櫻花季開得最美最盛時，都會開放十天左右的期間，讓遊客們能一同前來欣賞這片美麗的櫻花園。

最美賞櫻觀景臺

整個櫻花園區面積達六公頃之大，逛個一至二小時都不成問題，這裡種植將近四、五千棵的八重櫻，櫻美的紅豔包覆了整座山頭，這也是期間限定才看得見的，慢步遊逛在花朵盛開的櫻花林中，感受春色無邊的氣息。櫻花園區內還有一處最美賞櫻「觀景臺」，拾階登上觀景臺，感受到遊客不多的遊玩氛圍，真是愜意。站上觀景臺並向下瞵視，櫻花園區盡收眼底的視野，真的非常美。

這裡的櫻樹種植當然有規畫性，其中還有能遊賞的步道，周圍環境也維護得相當乾淨整潔，

有設計觀景臺等絕美的賞櫻位置，整體氛圍很棒，相當推薦也值得一訪的中部賞櫻地點。

這天適逢情人節的前夕，除了攜家帶眷和學生團遊的旅人外，不少是情人們相約來一遊這片美麗櫻花園，穿梭在盛開滿園的櫻花樹小徑之中，總有陶淵明著作〈桃花源記〉中的詩景：「忘路之遠近；忽逢桃花林，夾岸數百步，中無雜樹，芳草鮮美，落英繽紛。」真是美得很有意境又浪漫，期盼來年再逢櫻花盛開時，再來愜意漫遊這座隱匿山中、唯美又浪漫的世外櫻花園吧！✽

交通指南

開車　車輛可停放於「太原停車場」或「經補庫停車場」，再轉乘賞櫻接駁公車前往櫻花園。

大眾運輸工具　**客運**：花季時可搭乘臺中客運66號公車直達園區。

臺中客運

周邊景點

大坑風景區90號步道
地址：臺中市北屯區東山路一段382號

新社古堡莊園
地址：臺中市新社區協中街65號　**電話**：04-25825628
營業時間：09:00～18:00

食在好味

蝴蝶橋法式餐廳
地址：臺中市北屯區祥順路二段188號　**電話**：04-24377375　**營業時間**：11:00～21:00／週二公休

新凍嫩仙草
地址：臺中市北屯區東山路二段34號　**電話**：04-24392861　**營業時間**：10:00～21:00

東東芋圓
地址：臺中市北屯區東山路二段48之3號（大坑圓環）**電話**：04-22396349
營業時間：9:00～22:00

老郭餛飩
地址：臺中市北屯區中興巷18號之3　**電話**：0905-232616　**營業時間**：11:00～20:00

蝴蝶橋法式餐廳地圖　東東芋圓地圖　新凍嫩仙草地圖

老郭餛飩地圖　大坑風景區90號步道地圖　新社古堡莊園地圖

恩愛農場

拉拉山春櫻巡禮，甜蜜融化旅人的心

賞花期／2 月下旬～3 月下旬

恩愛農場

地址：桃園市復興區華陵里上巴陵中心路143號　**電話**：03-3912335

營業時間：09:00～21:00　**櫻花季入園費用**：每人100元（無任何消費折抵）

官網　地圖

回憶過往的美好

美麗又動人的櫻花即景，扣人心弦的回憶故事，全在今日上演了一回，我很開心也很回味過往的那份美好。走吧！跟上我熱血的腳步，到拉拉山最美的農場賞櫻去！

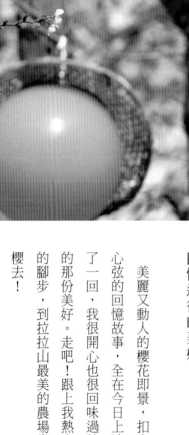

開心自己能擁有一群一拍即合的旅伴，前一晚才收到訊息詢問是否要一起上山拍花，時間OK，立馬就成行了；我們就是這樣一群說走就走的「熱血青年」呀！

第一次前往拉拉山，帶著幾分雀躍，因為跑遍全臺的我竟還沒踏訪過拉拉山，興奮的心情也讓我小小失眠了。我們一行人集合完畢到上高速公路大約是早上六點，匆匆從臺中北上前往拉拉山，途中還在關西服務區休息了大約十五分鐘，後來就直接衝上拉拉山了。一路上北橫的路況比起前幾年真的好很多，路變寬了，也整平了，只是山上的路依舊那麼遠，搖著晃著，大約九點

二十分終於抵達我們的目的地——「拉拉山恩愛農場」。

其實我會失眠還有其他原因……當出發前做功課才發現，原來前往拉拉山的路程即是北橫路線，依然清晰記得上次的北橫之旅是二〇一三年，當時是和喜歡的學長從南勢角熱血騎車上去的，那次的青春鐵屁股之行，我一輩子都會記得呀！這次走過同樣的路段，雖然人事已非，但還是有許多扣人心弦的窗外風景歷歷在目，多麼讓人想再去深刻地回味一番，回味當時的美好。

據農場主人表示，往年櫻花都是落在三月初就會盛開，二〇一七年卻足足慢了二十五天才

準備盛開。農場內備有停車場，不過車位不算多，遇到假日車潮多也不用太擔心，現場都有工作人員指引停車，只不過上達恩愛農場的最末段山路較小且不易會車，旅人們請一定要多注意行車安全！

上午是最佳拍攝時間

初訪恩愛農場，覺得農場的面積不大，但園區卻很用心地布置了繽紛的花木，讓旅人的腳步一再停留，每個轉身就是想著留下每一隅心中的美好風景。農場裡分別種植了不同品種的日本櫻，有富士櫻、千島櫻，綻放的時間前後有所不同，可以拉長園內賞花的期間。到訪這天的好天氣讓

農場裡的富士櫻燦爛綻開，盛開的富士櫻帶著甜美的粉嫩色，融化了旅人的心，真的好甜好甜，總有份隱匿在心底的幸福感悄悄地油然而生。

腳步一步步探訪，慢慢看、用心看，欣賞農場裡每一寸空間，還是最喜歡晴天與櫻花樹的搭配，燦爛而閃耀，讓人嘴角不自覺跟著上揚。恩愛農場的櫻花美景，處處藏著美麗的驚喜，旅人們的流連也成為觀景窗裡的風景，記得來了就別吝嗇腳步，大步邁開探索去吧！

沿著農場山腰還有處小小的觀景平臺，前往平臺處的小徑的櫻花樹大大盛放中，真是美不勝收，也是一處很值得逗留的拍照地點。

櫻花拍膩了，我便自顧自地玩起鞦韆，獨自懷抱著心中的那份思念。還好有這麼美的櫻花園相伴，所以一點也不孤單，反而更珍惜著眼前的這份美好。

提供給拉拉山賞櫻的旅人們一點建議，因為山中午後容易起霧，上午是最棒的拍攝時間點，盡量選在中午前抵達山上吧！你的雙眼準備好要接受初春最美的粉紅熱潮了嗎？出發來場拉拉山恩愛農場春櫻巡禮，開啟春天旅行的腳步。✽

周邊景點

中巴陵櫻木花道

地址：桃園市復興區巴陵道路59號

電話：03-3946061　**營業時間**：全天開放

明池國家森林遊樂區

地址：宜蘭縣大同鄉英士村明池山莊1號　**電話**：03-9894106

營業時間：08:00～16:30

食在好味

老紀888牛肉麵

地址：桃園市復興區羅浮里3鄰45號之1　**Google導航設定**：宏興機車行　**營業時間**：一般營業時間來應該都有營業

森鄰水岸景觀咖啡館

地址：桃園市復興區澤仁村一鄰6號　**電話**：03-3822108

營業時間：10:00～20:00

交通指南

開車

國道3號→大溪交流道下→接7號省道北橫公路過巴陵橋→往拉拉山方向→上巴陵

大眾運輸工具

客運：搭乘客運或火車到桃園火車站或中壢火車站，轉搭桃園客運或中壢客運到「上巴陵」下車。

中巴陵櫻木花道地圖　明池國家森林遊樂區地圖　老紀888牛肉麵地圖　森鄰水岸景觀咖啡館地圖　桃園客運　中壢客運

南投市貓羅溪畔

微風輕晃黃花風鈴木，一點一滴的幸福蔓延開來

賞花期／3月上旬～3月中旬

南投市貓羅溪畔

地址：南投市環河道路

Google導航設定：南投綠美橋

地圖

貓羅溪畔的金黃風景

無須捨近求遠，離家最近的南投貓羅溪畔防汛道上，也有一抹金黃色的美麗風景。

記憶中，已經有多次與這棵獨自精采的黃花風鈴木擦身而過，每到黃花綻放的季節，都會想著：「一定要找機會，來拍拍你不可！」

這天，從芬園的黃金大道返回南投，又路過這裡，停下了腳步，站在空無一人的馬路旁與它對望著；它不是這裡開得最美的一棵樹，沒有任何矯揉造作的背景物，卻覺得眼前的風景，畫面很簡單，也讓人很放鬆，還有著一股可以讓人一直看著、站著發呆好久的魔力，我簡單按了幾下快門，心滿意足地覺得開心。

原來，沿著貓羅溪畔的自行車道（防汛道路）也是種植不少的黃花風鈴木，而且花況非常好，不過種植的區域斷斷續續，如果是想定點賞花的朋友，感覺比較適合帶小折來自行車道慢遊兼賞花會更棒。

感受溫暖的旅行溫度

成排盛開的黃花，再次引來各路旅人們的腳步佇足，這裡也是貓羅溪畔的環河道路，鄰近國道的關係，也為畫面帶來不同的美麗風景；這裡黃花樹木高大，卻一點都沒有距離感，站在堤防上，旅人們以最近的距離和黃花相互低語，微風輕輕晃動著花朵，也將一點一滴的幸福蔓延開來。

現在，這份美好將分享給更多也在追黃花風鈴木的旅人們，等你來捕捉旅行中隨處可見的美好風景，也和我一同感受生活中一份最溫暖的旅行溫度吧！

交通指南

開車　國道3號→南投交流道→臺3線省道→往南行→臺14丁線省道→至永豐宮→臺3甲線省道→向北行→至南崗大橋→綠美橋貓羅溪自行車道。

大眾運輸工具　**客運**：可搭客運或臺鐵到彰化火車站，在彰化火車站出口前搭乘往南投路線的彰化客運，於南投站下車。

彰化客運

周邊景點

藍田書院
地址：南投市文昌街140號
電話：049-2221184

藍田書院地圖

臺灣麻糬主題館
地址：南投市自強三路3號
電話：049-2261123
營業時間：09:00～17:00

臺灣麻糬主題館地圖

食在好味

小米蛋餅
地址：南投市復興路101號
電話：0935-393441　**營業時間**：14:00～19:00 / 週日公休

南投菜市場珍珠奶茶
地址：南投市民權街142號
電話：0937-748368　**營業時間**：17:00～23:00 / 週日公休

友德意麵
地址：南投市中山街179號
電話：049-2238021　**營業時間**：06:30～19:00

阿章意麵
地址：南投市民權街126號
電話：049-2226558　**營業時間**：07:00～18:15

不一樣三明治
地址：南投市彰南路一段1157號
電話：0916-281311　**營業時間**：15:00～18:00 / 週六公休

葉家意麵老店
地址：南投市育樂路170號
電話：049-2241630　**營業時間**：06:00～13:45

小米蛋餅地圖　阿章意麵地圖　南投菜市場珍珠奶茶地圖　友德意麵地圖　不一樣三明治地圖　葉家意麵老店地圖

嘉義新港太保防汛道路

黃金大道璀璨現身，風鈴木賞花新亮點

全臺最美的黃金隧道，只要路過嘉義民雄，再到新港就到了。綿延將近約一公里長的黃金隧道是條位於嘉義新港—太保之間的防汛道路，道路兩側上的黃花風鈴木都已經呈現滿開的最佳賞花花況。

揭開春天的序幕

二〇一五年初春全臺缺水，這等旱象危機未解除，生物們也本著危機意識的本能反應，讓黃花風鈴木竟意外地在全臺遍地全都大盛開了。盛開時那鋪天蓋地襲眼而來的浪漫黃金色，也為二〇一五年春天揭開了最美的序幕。

賞花期／3月上旬 ～ 3月中旬

嘉義新港太保防汛道路

Google導航設定：嘉義縣新港鄉安和國小

地圖

交通指南

開車　國道1號→下嘉義交流道→轉向西往新港的159縣道→經嘉太工業區→行至里程9.5K處左轉入朴子溪防汛便道（溪南溪北防汛道皆可通）→約行2.5K即可至朴子溪畔黃金隧道。假日溪南防汛道進行交通管制，四輪以上車輛須走溪北防汛道。

滿天的金色花朵

第一次初訪就叫人驚豔不已，據當地農人所述，這年的花況也是近年來最美的一次，到了現場，正好巧遇上一群攝影人雇了一位農夫駕著牛車，正在黃金隧道中來回巡禮，令人驚喜的景象也讓一大批旅人快門直按不停，那畫面實在太美了！

來來回回約莫一公里的黃金隧道，每一眼望去的畫面都是好滿好滿的金色花朵，一團一團緊湊在一起，好不美麗！靜謐悠然的散步道，讓人忘卻了煩憂，回程時還看見從未見過的玉米收割車，相信有很多都市小孩一定都沒見過。✽

周邊景點

新港奉天宮
地址：嘉義縣新港鄉新民路53號
電話：05-3742034

蒜頭糖廠蔗埕文化園區
地址：嘉義縣六腳鄉工廠村1號
電話：05-3800735 **營業時間**：08:00～17:00

嘉義故宮南院
地址：嘉義縣太保市故宮大道888號 **電話**：05-3620777 **營業時間**：09:00～17:00／週一公休

食在好味

新港鴨肉羹
地址：嘉義縣新港鄉中山路奉天大廈17號 **電話**：05-3747950
營業時間：08:00～19:00

蔗埕微風咖啡簡餐
地址：嘉義縣六腳鄉工廠村1號（蒜頭糖廠蔗埕文化園區內）
電話：05-3805626 **營業時間**：10:00～14:00／17:00～19:00

北歐工坊
地址：嘉義縣朴子市天星新村112號 **電話**：05-3708320
營業時間：11:00～15:00／17:00～21:00／週一公休

新港奉天宮地圖
蒜頭糖廠蔗埕文化園區地圖
嘉義故宮南院官網
嘉義故宮南院地圖
新港鴨肉羹地圖
蔗埕微風咖啡簡餐地圖
北歐工坊地圖

嘉義六腳朴子溪自行車道

踩踏黃花夢幻自行車道，感受恬淡的生活小確幸

美麗的黃金地毯

二〇一五年的「嘉義」帶給我好多好多浪漫的賞花回憶，繼三月黃花風鈴木黃金大道旋風，襲捲全臺瘋賞花；正值初夏，又即將進入黃金阿勃勒盛開的季節，就距離黃花風鈴木大道不遠的車距（約十分鐘車程），這裡的一處朴子溪自行車道，兩旁種植的皆是阿勃勒樹，黃金花海再次驚豔旅人們的雙眼。

阿勃勒是都市中常見的行道樹，目前多種植於自行車道旁，在全臺許多自行車道上都能看見它的身影，又因長年常綠的特性，為車道築起最美的綠廊，讓愛騎車的旅人，能輕鬆又愜意地漫遊其中。目前位於嘉義六腳鄉的朴子溪自行車道，兩旁阿勃勒樹臨夏季時會盛開出美麗的金黃色花苞，喜歡賞花的遊客們，不妨利用清晨一大早的時間出發去賞花，說不定還能看見美麗黃金地毯的驚豔景色呢！

盛開黃花的夢幻車道

為了阿勃勒黃金大道而來到嘉

賞花期／3月上旬～3月中旬

嘉義六腳朴子溪自行車道

Google導航設定：蒜鰲自行車道

地圖

義六腳鄉，遊客們來到這兒可依循「朴子溪自行車道」的指標行走，地點十分容易找尋；來到黃金大道上，能看見許多在地人愜意悠閒地騎著自行車，慢度樂活時光。我來的時間稍嫌晚了，如果能再早一點，就能一睹美麗的黃金花毯了。不過，眼前阿勃勒大道上那一串串高掛枝頭的美麗仍帶給人驚喜的美感，剛好就給自己一些能享受放空的時間吧！漫步在盛開著黃花的夢幻車道中，感受恬淡自在的生活小確幸。

賞花旅行這天的天氣或許不盡理想，但樹梢上的黃花依舊奪目閃耀，建議旅人來訪朴子溪自行車黃金阿勃勒大道時，可以安排順遊周邊的新港或嘉義市區的景

點，會讓整趟出遊的行程更加豐富又有樂趣。✽

・交通指南・

開車　**路線一**：國道1號→下水上交流道→沿168縣道往朴子方向前進→至臺糖祥和加油站處右轉入故宮大道→直行即達起點「蔗埕文化園區」。　**路線二**：國道3號→水上／鹿草交流道下→走82號快速道路往朴子方向前進→於縣政府匝道下至平面道路→於祥和加油站處右轉故宮大道續行→直行即達起點「蔗埕文化園區」。

大眾運輸工具　**客運**：搭臺鐵及客運在臺鐵嘉義站下車，於嘉義火車站前搭乘嘉義縣公車朴子線，於「糖廠站」下車。

・周邊景點・

新港奉天宮、蒜頭糖廠蔗埕文化園區、嘉義故宮南院

（詳細資訊請見43頁）

・食在好味・

新港鴨肉羹、蔗埕微風咖啡簡餐、北歐工坊

（詳細資訊請見43頁）

彰化埤頭羊蹄甲大道

春色無邊的鄉野，羊蹄甲透著嬌豔

迷途中誤闖粉紅花田

旅程之中，偶爾也會迷路，但我總是期待在找尋方向的過程，就在不經意的下一秒鐘，發現目的地以外的美好。這回同樣也在迷途之中誤闖進了這一片粉紅裡……那是一條充滿著幸福味的粉紅羊蹄甲大道——「莿桐埤圳」。

賞花期／**3月上旬～3月下旬**

彰化埤頭羊蹄甲大道

地址：彰化縣埤頭鄉芙朝村埤圳北路

Google導航設定：「彰化縣埤頭鄉埤圳北路」或「芙朝國小」

地圖

「埤頭」位於彰化，是個靠近溪洲的寧靜小鎮，寬敞的土地面積，大多以種植農作為主，臨芙朝社區這裡有條莿桐埤圳。圳的兩側接近國道一號北斗交流道，植滿了近六百公尺長的羊蹄甲樹（印度櫻），正值花開的三月天，爆炸式的粉紅已悄悄地綻放著精采和美麗。

自在的迷失之旅

大圳的兩側皆為可雙向通行的雙向道，粉紅羊蹄甲大道就這般緊臨著大圳漫漫生長著，一個靜謐的午後，村人們習以為常地反覆著日常作息，身旁的美景，也是生活裡的一小部分，一切都是這麼自然而然。而春色無邊的鄉

野，盛裝著滿滿的粉紅氣息，靜靜地精采著這片土地，而我也正安靜、不客氣地照單收下這片美景，在大圳欣賞著特別的風景。

大圳兩旁一邊是羊蹄甲樹，一邊是「洋紫荊」，洋紫荊的花色較淡，花期較早（在十一月中），又屬豆科常綠喬木，即使開花時葉片也不會落光，三月已到了豆莢生長的季節囉！

儘管前方是條未知的道路，但隨遇而安的個性，很快就能融入在地而自得其樂。在圳道的兩旁，很適合午後來場這樣的迷失小旅行，或是慢跑、單車遊歷，一概合適，一邊踩著慢步，一邊欣賞著這條優雅大道，真是好享受的一段迷人的美好時光啊！✽

交通指南

開車　國道1號→下北斗埤頭交流道→往埤頭鄉的方向。

周邊景點

中興穀堡稻米博物館

地址：彰化縣埤頭鄉彰水路二段526號

電話：048-926088　**營業時間**：09:00～17:00

田尾公路花園

地址：彰化縣田尾鄉民族路一段156號

電話：048-832626

食在好味

窄巷古厝咖啡

地址：彰化縣田尾鄉打簾村民生路一段476號

電話：048-234111　**營業時間**：平日10:00～17:30 / 假日09:30～18:00

中興穀堡稻米博物館地圖　田尾公路花園地圖　窄巷古厝咖啡地圖

彰化埤頭木棉花道

木棉、羊蹄甲、苦楝花，全臺獨有的三合一美景

賞花期／**3月上旬～3月下旬**

彰化埤頭木棉花道

地址：彰化縣埤頭鄉舊溪路木棉花道（東螺溪木棉花道）**Google導航設定**：彰化縣北斗鎮斗苑路二段766號（附近的全國加油站地址）

地圖

多重的視覺饗宴

沿著舊濁水溪的防汛道路，這裡也稱東螺溪，在轉入舊溪路後，即可看見不少盛開的木棉樹，但先別急著停車拍照，因為再往裡頭走（一點五公里），就會有更適合散步賞花的拍照地點！會經過一個超特別的綠榕隧道，旅人們要注意看喲，來到成列盛開的火紅大道，這裡還不只有木棉花，就連羊蹄甲（印度櫻）、苦楝花都非常美麗又極致地盛放中，一次滿足賞花旅人的視覺，也是全臺獨有的三合一美麗風景呢！

這裡平時的車流不多，還打造了散步步道，穿過棧道，走上木橋，兩側的風景綠意夾雜，讓人一步一步地探尋著這一切的美麗。站上木橋，這裡可以看見浮在水面的美麗倒影，原以為木橋下的淤泥可能會有臭味，但沒有，而另一方向是令人敞心的綠意，讓腳步逗留許久；看著一邊火紅

的木棉花，另一邊灰紫的苦楝花，雙雙盛開，好美的一幅優美風景，是個很舒服的散步地點。

一大片彩虹花田

周邊被純樸的田野包覆，樸實又寧靜的鄉下很適合來散散步、騎單車樂遊，日落前，也會有不少附近居民攜家帶眷地騎著單車來這裡賞花。而一場旅行中美麗的驚喜邂逅也在這片木棉花道旁出現，是一大片的彩虹花田！

這片花田其實是花農用來種植預備售往北部的田地，很像彰化田尾的花田，田裡種植的花卉即是花農們的經濟來源。在現場，我也遇見了彩虹花田的主人，主

人相當熱情也同意可以進入拍照。花田裡除了有最吸引人的「大小飛燕」夢幻般的美麗花田，也有滿滿的石竹和含苞未開的一片康乃馨花田，從這兒的角度，也能望見不遠處的木棉樹，這樣的美麗更交織出一幅浪漫的田園景致。✽

交通指南

開車　國道1號→下北斗交流道→右轉往北斗方向→轉彎後就會看到「埤頭鄉」的標誌，即已抵達。

周邊景點

田尾公路花園

（詳細資訊請見51頁）

菁芳園

地址：彰化縣田尾鄉打簾村張厝巷73號

電話： 048-243535　**營業時間：**平日10:00～16:30 / 假日10:00～19:30

食在好味

將園庭園咖啡

地址：彰化縣田尾鄉公園路一段162號

電話： 048-242601　**營業時間：** 10:00～18:00

北斗肉圓生

地址：彰化縣北斗鎮中華路192號

電話： 048-871349　**營業時間：** 08:00～20:30

菁芳園
地圖

將園庭園咖啡
地圖

北斗肉圓生
地圖

雲林土庫馬光國中

美人心機的粉紅大道，羊蹄甲展現優雅

賞花期／**3月上旬～3月下旬**

雲林土庫馬光國中

地址：雲林縣土庫鎮崙內社區（馬光國中前）

地圖

綻放美麗的印度櫻

雲林一日遊賞花行程，來到雲林縣土庫鎮「粉紅櫻花大道」。

位於崙內社區馬光國中正校門外，擁有上千棵印度櫻花，正同時綻放著美麗。櫻花大道綿延將近兩公里之長，大家對印度櫻花這名稱或許甚感好奇，其實它正

是普遍常見、俗稱為「羊蹄甲」的印度櫻花。和一般櫻花相似，花期僅約一個月之長，從滿開到凋落，還能維持兩週的賞花品質，把握初春溫暖的舒適氣候，三月中旬也能到雲林賞櫻花！

獨旅在浪漫唯美的鄉間小道上，我即將進入到最夢幻的櫻花大道之中，一條擁有美人小心機般的粉紅大道，兩旁粉紅櫻樹以最大的熱情爆炸式地綻放優雅，花意隨著午後的斜陽光影蔓延上了心頭，讓幸福的感受回歸到最純粹的質樸淡雅中……。這是在城市中享受不到的慢步休閒，也是專屬鄉村的獨特浪漫氛圍。

紅粉天空與綠意大地

午後的悠閒時光，來到土庫賞櫻剛剛好，斜陽溫暖地輕灑在身上，微風越過了田野，最後拂過臉龐，暖暖的、涼涼的，此時幸福感油然而生，也滿上了心頭。這還是頭一次這樣靜靜欣賞著印度櫻，印度櫻（羊蹄甲）比一般的櫻花足足大上一倍，和蘭花又有那麼一點相似，日光正照得印度櫻的花瓣光豔通透，讓它和櫻花同樣擁有清雅高貴的氣息，且只要仔細仰息，便可聞到那迷人的淡淡花香！

在粉紅大道旁，放眼望去盡是滿眼的油綠與時而飛嘯而過的鳥群，紅粉天空搭配著綠意大地，

交通指南

開車　**路線一**：國道3號→下古坑虎尾出口（臺78線）交流道→臺78線→下土庫出口交流道（雲97鄉道），往土庫→靠右行駛雲97鄉道／復興路→左轉大屯路→左轉光榮路一段（158縣道）→左轉和平街→「羊蹄甲大道」。　**路線二**：國道1號→下雲林系統出口，走臺78線→臺78線→下土庫出口交流道（雲97鄉道），往土庫→靠右行駛雲97鄉道（復興路）→左轉大屯路→左轉光榮路一段（158縣道）→左轉和平街→「羊蹄甲大道」。

周邊景點

源順芝麻觀光油廠
地址：雲林縣土庫鎮成功路1-62號　**電話**：05-6622574
營業時間：09:30～17:30

土庫故事屋
地址：雲林縣土庫鎮成功路59號
電話：05-7505005
營業時間：09:00～18:00／週一、週二公休

食在好味

張家牛肉麵
地址：雲林縣土庫鎮馬光路177號　**電話**：05-6651836
營業時間：10:00～18:00／17:00～22:00／週日公休

雲林土庫鴨肉麵線
地址：雲林縣土庫鎮中山路157號　**電話**：05-6621567
營業時間：08:00～19:00

源順芝麻觀光油廠地圖　土庫故事屋地圖　張家牛肉麵地圖　雲林土庫鴨肉麵線地圖

真是好美好美又難得的一幅鄉村完美景致。這裡只有簡單的生活，日出而作，日落而息，如這眼前普遍可見的羊蹄甲，簡單平凡卻默默地綻放著最不凡的美。✽

臺中東勢木棉花大道

宛如火龍盤距樹間，木棉花盛放紅色大道

賞花期／3月上旬～3月下旬

臺中東勢木棉花大道

地址：臺中市東勢區中正路350號（麥當勞）

地圖

三月初春，木棉正美

盛放的木棉花季又點燃了全臺各地紅色大道美景的瘋追潮，就在臨臺中市東勢區大甲溪畔，也悄悄燃起一條火紅大道。東勢區中正路上兩側的行道樹皆種植木棉樹，每到三月初春的季節，花朵盛開之際，這裡便會宛如兩條

火龍盤踞，美得令人驚豔。

從東勢大橋轉入中正路，即可看見一座美麗的路橋，路橋下就有間速食店，旁邊就有停車場，建議旅人們可以在天橋路口的紅綠燈左轉，停好車後直接走上天橋，開啟東勢木棉花道的賞花之旅囉！

賞花不需與車爭道

天橋上以平視的角度賞花，看著浪花朵朵在風中輕輕搖曳著，舒服的午後旅行，享受一片美好的恬靜風景；從天橋上拍到橋下的人行步道，記得下橋之後可以留意橋後轉角的一方小空地，這裡能捕捉到木棉花不同的美麗之

姿，帶入延伸的木格柵，簡單搭配，也能形成一幅恬淡畫作。

來到臺中東勢賞木棉花，有個很棒的特點，就是不用與車危險爭道，在這裡擁有專屬的人行步道，漫步於木棉樹下，徘徊在浪漫之中。

交通指南

開車

國道1號→下豐原交流道→行駛至豐原市→接豐勢路，經東豐大橋，在東豐大橋下即可看到。

周邊景點

東勢林場遊樂區

地址：臺中市東勢區勢林街6-1號　**電話**：04-25872191　**營業時間**：06:30～22:00

東勢林業文化園區

地址：臺中市東勢區東關路647號　**電話**：04-25774146　**營業時間**：06:00～18:00／週一、週二公休

食在好味

盛東餃子館

地址：臺中市東勢區第五橫街7號

電話：04-25870530

營業時間：11:00～13:30／17:00～19:30

老黑輪肉圓店

地址：臺中市東勢區第五橫街66號

電話：04-25872406

營業時間：11:30～22:30／週一公休

東勢林場遊樂區地圖

東勢林業文化園區地圖

盛東餃子館地圖

老黑輪肉圓店地圖

雲林西螺木棉花道

綿延一公里的火焰木棉道，烈日下彷彿燃燒了起來

木棉吹起南洋風

綿延近一公里長的西螺木棉道，猶如烈焰花海一般，在烈日照耀下，彷彿燃燒了起來！火紅漫天之際，在西螺長長的街道上，吹起這股濃豔的南洋風，是西螺、是南洋，已傻傻分不清楚。

一個人的旅行，充滿自由；兩個人的旅遊，多了甜蜜。這天再次興起了春天一個人旅行的意興，在生活裡找尋度假般的優閒，於是給了自己一個旅遊的小主題「木棉花」，就這麼背起藍天和微笑，獨身出發到「南洋」旅行去！

位於雲林北端的西螺鎮最著名的就是西螺大橋了，距離西螺大橋約十分鐘車程的一四五縣道十三公里處，三月中旬正有一處豔紅沖天的長長木棉花道盛放著花朵，讓我直呼太幸運了。我喜歡總是能在旅行途中遇見令人尖叫的大驚喜，從古樸的街道切換到這塊獨立畫出的特色風景，綿

賞花期／3月上旬～3月下旬

雲林西螺木棉花道

地址：雲林縣西螺鎮145縣道13公里處　**Google導航設定**：彰基雲林分院

地圖

延足足有一公里之長的西螺木棉花道，正以最顛峰的驚人豔麗，直逼天際，讓初訪的我，被眼前的烈焰美景，大大懾服了。

感受西螺小鎮的熱情

當下決定先將車子停妥在鄉間的空曠處，再以步行的方式，從木棉道的一頭出發，邊旅邊拍，記錄下獨身旅行的回憶，也感受西螺小鎮最濃烈繽紛的熱情。走著走著，雙眼被這裡的木棉道深深吸引著，不知不覺已走了一大半路了，不知是否有特殊原因，這裡好似種植了兩種色彩的木棉樹，橙黃木棉花再以漸層方式堆疊出橙紅木棉花，讓視覺與感官彷彿來到南洋國度旅行。

走到木棉道的盡頭望去，一棵棵排列整齊的木棉樹形成了無比壯觀的木棉道，眼前的多彩繽紛非常搶眼，讓經過這兒的車輛很難不放慢速度多欣賞它一眼，那爆滿的木棉花好似不停地往天空上直竄著呢！

橙紅或橙黃的木棉花早已鋪掩住油綠的草皮，這一段木棉地毯在馬路上更顯得特別耀眼、吸睛，另有一番美感。以最近距離走在木棉樹下的我，其實是有些緊張的，樹上滿開的木棉花數量之多，又不停地在毫無預警之下投下一枚又一枚的震撼彈，擔心失了準，如果不偏不倚砸在腦袋瓜上，鐵定會痛得嗚呼哀哉！

一個人獨自享受著這緩慢的旅行時光，簡單享受著這偽南洋的渡假時刻，此刻真是幸福。✽

交通指南

開車

國道1號→下北斗交流道→靠左接臺1線→看見市場南路左轉→直行後見145縣道→左轉往虎尾方向約2～3分鐘即可抵達。

周邊景點

西螺大橋

地址：雲林縣西螺鎮建興路389號

丸莊醬油觀光工廠

地址：雲林縣西螺鎮延平路25號　**電話**：05-5863666　**營業時間**：08:00～20:30

西螺延平老街文化館

地址：雲林縣西螺鎮延平路92號　**電話**：05-5861444　**營業時間**：08:30～17:30／週一公休

食在好味

西螺黃記九層粿

地址：雲林縣西螺鎮建興路286號　**電話**：0932-591537　**營業時間**：05:30～11:00

迎客園

地址：雲林縣西螺鎮公正一路69號　**電話**：05-5862886　**營業時間**：11:00～13:30／17:00～20:30／週二公休

西螺大橋地圖

西螺延平老街文化館地圖

丸莊醬油觀光工廠地圖

西螺黃記九層粿地圖

迎客園地圖

臺南學甲光華社區

穿梭巨人的迷宮小花園，一丈紅美得像孔雀開屏

賞花期 / 3月上旬～4月上旬

臺南學甲光華社區

地址：臺南市學甲區光華里8鄰過港子65號

學甲蜀葵五大花海區：光華里花海、中正路底花海、84號花海、平和里花海、豐和里花海

地圖

蜀葵花姿態挺拔

「臺南市學甲區」是靠近沿海的鄉鎮；近年來因年輕人口迅速外移往都市發展，以致鎮內逐步邁入社區高齡化，農田耕種的人力明顯不足，漸漸地這些休耕的田園被賦予另一種全新的生命價

值，種植「蜀葵花田」供觀賞，也熱絡了地方上的文化脈絡。

說到蜀葵大家一定相當陌生，它卻有個廣為人知的別名「一丈紅」，是不是很耳熟？看過《後宮甄嬛傳》都知曉，也讓人很容易就記住它了。蜀葵的花朵有著飽滿的色澤，春暖了眼前這塊大地，一根根細長的枝幹長得十分挺拔，高得猶如屏障一般，花兒一朵朵地冒出，也美得像是孔雀的羽毛，開屏綻放著美麗。

來到光華社區裡欣賞蜀葵花，這裡主要擁有兩大區蜀葵花田，兩處地點十分鄰近，相隔不到三十公尺。蜀葵有特別的生長外型，花朵一串似地由下向上依序

開花，綻開的花色鮮豔，渲染了整塊花田，讓小小社區頓時變得超級繽紛又活潑；這裡到處是旅人散漫的腳步，踩在花叢裡，也在三合院屋厝間。

蜀葵花田的種植方式，是讓人可以親近、進入花田裡玩樂拍照的，幾條交錯的小徑，引領大批遊客好奇地穿梭在這高大的花叢間，腳步一步步被吸引向前。蜀葵花的生長高度都有一至二公尺以上，甚至更高，簡直像座巨人的迷宮花園。入口處花朵開得嬌豔，有嫩黃、有嬌紅，還有桃紫等繽紛色彩，讓人看了直呼美豔，姿態更是挺拔吸睛。

光華社區的藝術彩繪

因為沿海的關係，明顯感覺到清風一陣陣地拂面而來，輕輕柔柔地吹著，伴著暖陽，搖曳中呈現另一種色彩層疊交錯的繽紛美感，美麗與幸福的畫面，正譜寫著一段美妙的田園賞花樂事呢！

除了欣賞美麗的花田，光華社區裡也打造了獨特的社區文化藝術彩繪，彩繪三合院你一定沒看過吧？漆上戀戀學甲蜀葵花彩繪的磚牆，吸引路過的旅人們留下最美的旅行回憶，彩繪牆上也不忘途上專屬地方的文化史蹟，用不一樣的方式來認識臺南學甲。度過悠悠歲月的紅磚屋厝，有著令人懷念的年代的嚮往，打破一成不變的僵局，漆上美麗繽紛的顏料，原來三合院也能綻放美麗的經典。

蜀葵花的花期頗長，估計可維持一個月之久，賞花期落在每年的三月。從初開階段到滿開，每個階段都帶給旅人不同的驚喜與無限的美麗想像。賞花行程結束，不妨可再安排順遊相鄰不到十公里處的「井仔腳瓦盤鹽田」，去欣賞臺南最美的鹽村暮色，蜀葵花加上鹽田景色，很適合串成臺南半日遊的旅遊行程！✽

交通指南

開車 國道1號→下麻豆交流道→接171縣道→右轉中山路接174縣道，沿指標約20分即可到達。

大眾運輸工具 **客運路線一：**在新營火車站前的新營客運總站，搭乘棕幹線在學甲站下車，轉乘藍1、2、3支線公車，在光華站下車步行約100公尺即到光華里蜀葵花田。**客運路線二：**在臺南火車站前的大臺南公車站搭乘藍幹線公車到佳里轉運站，轉乘藍1、2、3支線公車，在「光華里」站下車，步行約100公尺到光華里蜀葵花田。 **客運路線三：**在善化火車站前的善化轉運站，搭乘橘幹線到佳里轉運站，轉乘藍1、2、3支線公車，在「光華里」站下車，步行約100公尺到光華里蜀葵花田。

新營客運　大臺南公車

周邊景點

井仔腳瓦盤鹽田
地址：臺南市北門區永華里64號
電話： 06-7861629 **營業時間：** 09:00～18:00

北門遊客中心
地址：臺南市北門區北門里200號
電話： 06-7861017 **營業時間：** 09:00～17:30（戶外全天開放）

臺灣烏腳病醫療紀念館
地址：臺南市北門區永隆里27號 **電話：** 06-7862012
營業時間： 10:00～16:00 / 每週一至週三公休

食在好味

永通虱目魚粥
地址：臺南市學甲區民權路60號
電話： 06-7839308 **營業時間：** 05:20～13:30 / 15:30～20:30

學甲鵝肉
地址：臺南市學甲區中正路164號
電話： 06-7837120 **營業時間：** 11:00～21:00 / 週三公休

井仔腳瓦盤鹽田地圖　北門遊客中心地圖　臺灣烏腳病醫療紀念館地圖　永通虱目魚粥地圖　學甲鵝肉地圖

雲林崙背木棉花道

綠田農舍交織著鄉村情懷，愛上和木棉的獨白與對話

賞花期／3月中旬～3月下旬

雲林崙背木棉花道

地址：雲林縣崙背鄉154縣道（豐榮國小旁）

地圖

布袋戲的故鄉

農村木棉花當道！雲林賞花一日遊意外收到學長的木棉花祕境分享，怎樣都要求我一定非得順道繞去感受一下，那有別於其他鄉鎮的木棉花道，「一五四縣道，在一個國小旁，木棉道更美。」學長很激動地不斷傳訊息過來；反正，旅行就是隨心所

欲，再加碼一站吧！「崙背」，或許這個地名大家並不熟悉，但它正是布袋戲的故鄉！在臺灣相當具有名氣的布袋戲大師黃海岱，即是居住於此；其他有名的五洲園、隆興閣與五隆園，也都是起源於崙背。

享受農村情調

走訪這極度陌生的鄉村小路，享受最不造作的農村步調，走進悠然之中，一個人獨享著這條木棉道。木棉花、綠田、農舍，正交織著一幅完美的鄉村表情，下午就把時間消磨在這最舒適愜意的浪漫鄉村情懷裡吧！

校舍的紅屋頂當作木棉花的背景，景點很美，更擁有了不同的情感與情境，雲林一日遊賞花之旅，也非常盡情愉快地結束在這兒了。一個人旅行的步調可快可慢，一邊感受體驗鄉村情懷裡的隨興與自在，一邊也享受著時間、空間的獨白與對話，有時間一定要再來雲林旅行！

交通指南

開車

國道1號→下西螺交流道→臺1線→接延平路→接154縣道

周邊景點

千巧谷牛樂園牧場

地址：雲林縣崙背鄉羅厝村東興182-32號　**電話**：05-6969845
營業時間：09:00～21:00／週一公休

麥寮拱範宮

地址：雲林縣麥寮鄉中正路3號
電話：05-6932033

食在好味

阿火肉圓

地址：雲林縣崙背鄉南光路30號
電話：05-6966291　**營業時間**：09:00～20:00／週二公休

李排骨酥

地址：雲林縣崙背鄉建國路16號
電話：05-6961625　**營業時間**：06:00～13:00

千巧谷牛樂園牧場地圖

麥寮拱範宮地圖

阿火肉圓地圖

李排骨酥地圖

臺南將軍國中

奔進烈焰花海，木棉火紅得正精采

讓人驚呼的木棉花道

三月的臺南，讓旅人們開心地在每個鄉鎮接力著賞花旅行，而這一站，我旅行到了「臺南將軍」，趕快和我一起奔進眼前的烈焰花海中去旅行吧！

都說春天花開、百花爭鳴，真是一點也不假，尤其在這年的追花旅行感受更為明顯，追了粉的、黃的美麗花朵，大家最期待的莫過於「林初埤木棉花道」，這個登上世界百選的最美花卉街道；但就在這次的旅行中，巧妙

賞花期／3月中旬～4月中旬

臺南將軍國中

地址：臺南市將軍區南21鄉道

將軍區木棉花道：集中在苓子寮（南22鄉道）、嘉昌里（南21鄉道）將軍國中鄰近街道（南20鄉道、南24鄉道）等地

Google導航設定：臺南市將軍區將軍國中

地圖

交通指南

開車　國道1號→下西螺交流道→東西向快速公路臺84號北門玉井，往北門方向行駛→8K學甲交流道下→右轉接臺19線中正路，繼續直行走中正路→靠右行駛，進入天水路→於信義路向左轉，接著走南21鄉道。

大眾運輸工具

客運路線一：在新營火車站前新營客運總站，搭乘棕幹線到佳里轉運站後，轉乘藍1支線在「苓子寮站」下車，步行約200公尺到南22市道的木棉花道；轉乘藍10支線可在「苓子寮」站下車，或在「將軍站」下車，步行約500公尺到南21、南20市道的木棉花道。

客運路線二：在善化火車站前善化轉運站，搭乘橘幹線到佳里轉運站後，轉乘藍1支線在「苓子寮站」下車，步行約200公尺到南22市道的木棉花道；轉乘藍10支線可在「苓子寮」站下車，或在「將軍站」下車，步行約500公尺到南21、南20市道的木棉花道。

客運路線三：在臺南火站前大臺南公車北站搭乘藍幹線到佳里轉運站後，轉乘藍1支線在「苓子寮站」下車，步行約200公尺到南22市道的木棉花道；轉乘藍10支線可在「苓子寮」站下車，或在「將軍站」下車，步行約500公尺到南21、南20市道的木棉花道。

來到臺南將軍區，這裡的木棉花大道，也讓人忍不住驚呼了。一條美而深邃的筆直道路，宛如烈焰一般燃燒的火紅，高大的樹頭上掛著滿滿盛開的豔麗花朵，那就是「木棉花」啊！

遇見國外的美景

如果不說明，真的會以為這一定又是國外流傳的美景；為了不讓臺南白河林初埤專美於前，臺南將軍區早一步燃起春天裡最美麗的花苗。一條望不穿盡頭的筆直大道，兩側已經燒得火紅通透，讓人彷彿踏進了火焰大道一般，好驚喜也好驚呼。紅色的大道，真的好難好難用三言兩語就形容出來，心已徹底地被這不可思議的美給震懾住了，一場最美的「遇見」，讓腳步完全停駐，呆站在木棉花樹旁，快門一張接著一張地按著，心底不敢相信，這裡就是臺灣！

走訪將軍木棉花道後，我私心覺得這裡比林初埤還美！理由有二，一是這兒的木棉樹高大又種植茂密，非常集中，另一點就是它應該是全臺最長的木棉花道！

將軍國中前這條筆直的紅色大道，宛如烈焰一般將原本純樸的鄉間小道燒得火紅，自樹一幟成了三月裡的專屬限定色彩，臺南木棉花道燃燒得正精采呢！

周邊景點

方圓美術館
地址：臺南市將軍區西華里1號　**電話**：06-7944351　**營業時間**：09:00～17:00／週一公休

馬沙溝濱海遊憩區
地址：臺南市將軍區平沙里140號
電話：06-7931155

青鯤鯓扇形鹽田
地址：臺南市七股區七股溪橋
電話：06-7801162

食在好味

豐的海鮮漁府
地址：臺南市將軍區長沙村146-10號　**電話**：06-7930637　**營業時間**：11:00～14:00／7:00～20:00

秀里蚵嗲
地址：臺南市將軍區鯤溟里鯤溟100號　**電話**：06-7920886　**營業時間**：11:00～18:00／週二公休

方圓美術館地圖　馬沙溝濱海遊憩區地圖　青鯤鯓扇形鹽田地圖　豐的海鮮漁府地圖　秀里蚵嗲地圖

臺南歸仁高鐵站

富麗堂皇的橘豔大道，繽紛燃放的木棉花火

賞花期／3 月中旬～ 3 月下旬

臺南歸仁高鐵站

地址：臺南市歸仁區歸仁十五路

地圖

臺南高鐵旁也有春天

這條鄰近臺南高鐵站附近的木棉道，其實二〇一五年我已初訪過，只不過當時已錯過最美的花季時間，一直放在木棉花道必訪的口袋名單之中，今年利用臺南旅行的機會，把握木棉花的季節

再次遊訪此地，終於如願以償地見到這條美麗的火焰大道了。

美麗的歸仁區木棉花道，位在高鐵臺南站（歸仁大道與歸仁十五路交叉路口），從這兒也可以看見一旁高架上呼嘯而過的高鐵列車。在整座高鐵臺南站周遭，唯獨這條歸仁十五路左右兩側種植木棉樹，其他部分路段也有種植，但樹體較為年輕，盛開時也沒有這邊來得壯觀；約有七百公尺長的歸仁十五路，紛紛漫起燃燒的木棉花花火，是在三月中旬路經臺南高鐵站時的小亮點，如果有機會搭乘高鐵北上的旅人們，不妨留意進臺南站前的右側方向，或許也能意外看見這條美麗的紅色木棉花道！

抓緊木棉花開時節到訪

拍攝臺南高鐵木棉道的午後，正巧有一批攝影課的師生來訪取景，鬧哄哄的笑鬧聲，讓原本寬闊又靜謐的道路，多了點青春的氣息，而不再只是呼嘯而過的汽車聲，亦或高速火車的剎車聲。

這樣舒服的午後，隨興地依著自己旅行的步調，漫遊臺南各地，暖暖的陽光照在身上，微風也絲絲拂過臉龐，感覺就像在欣賞一幅幅生動活潑的畫作一般，我佇立在大樹下，感受這一刻無比的幸福美好。

短暫的旅行停留，很輕鬆又自在，如果只是單純想賞賞木棉

花，確實是個能度過閒暇時光的好去處，但記得要抓緊木棉花開的時節來訪喔！在這兒我用快門與文字，為自己留下一段旅行小時光的散步回憶，並期待下一次「臺南歸仁」的旅行相見。✽

周邊景點

歐雅英雄主題館

地址：臺南市歸仁區崙頂三街111號

電話：06-2300005　**營業時間**：11:00～21:00

奇美博物館

地址：臺南市仁德區文華路二段66號

電話：06-2660808　**營業時間**：09:30～17:30／週一公休（自2017年7月起，休館日將變更為週三）

十鼓仁糖文創園區

地址：臺南市仁德區文華路二段326號　**電話**：06-2662225　**營業時間**：週一09:30～17:00／週二至週四、週日09:30～21:00／週五、週六09:30～21:30　**票價**：以園區現場為準

食在好味

阿菊食堂

地址：臺南市歸仁區保大路二段1號

電話：06-2055676　**營業時間**：10:00～14:00／17:00～21:00

歸仁阿鴻臭豆腐

地址：臺南市歸仁區民權北路16號

電話：0935-228332　**營業時間**：14:30～18:30／週一、週四公休

歐雅英雄主題館地圖

奇美博物館地圖

十鼓仁糖文創園區地圖

阿菊食堂地圖

歸仁阿鴻臭豆腐地圖

臺南白河林初埤

世界最美木棉花大道，狂豔火舞半片天

賞花期／3 月中旬～4 月上旬

臺南白河林初埤

地址：臺南市白河區林初埤

地圖

童年的木棉道

還在懷念那首童年記憶裡的〈木棉道〉嗎？懷念不如前去體驗！近幾年，白河林初埤每到木棉花季，便會出現絡繹不絕的賞花人潮，儼然已是臺南木棉花最夯的賞花景點了，除了在臺灣有名氣，更在國際享譽「世界最美的木棉花大道」的美名喔！

時值冬末初春之交，初訪林初埤木棉道，木棉花早已結實纍纍開滿了樹梢，這天的天氣雖然不算太好，但那豔麗的橘早已滿蓋了雙眼，讓初訪的心情感受是溫馨與浪漫的。夾道兩旁的木棉樹像是遠迎貴客般，用最熱烈的方式歡迎每一位遊客的光臨到訪，這裡除了提供最暖心的色系花朵，還有望不盡的美麗景致，實在太美了。

農田用水澆灌出鮮花

林初埤位於臺南白河區往後壁土溝的南九十線鄉道上，是嘉南農田水利會的灌溉埤塘，周邊有環湖步道、觀景平臺及木棉鐵馬道。宛如棋盤式井然有序的木棉花道，花況綻放的時序卻不太一致，有些已是滿開怒放，有些卻還在含苞待開，漫天的橘豔與大地的油綠，形成了最搶眼的對比，讓這裡每一幕景色都是出奇地令人心醉與讚歎。

這裡的木棉花帶有烈焰奔放的豪邁感，那種狂豔燃燒出半片天的壯麗，形成最獨特的「火舞」景致，重現華美風情的濃厚韻味，讓所有感官都為此深深迷

交通指南

開車　國道3號→白河交流道下→左轉延172線道→右轉165線道→大德街→南89開車約10分鐘可抵達。

大眾運輸工具　**客運**：搭乘火車至後壁火車站後，轉乘黃10公車（往鎮安宮方向），在「土溝里」站下車，接著步行1.7公里，約20至30分鐘後即可抵達。

周邊景點

菁寮老街

菁寮老街地圖

地址：臺南市後壁區菁寮里68號

電話：06-6622725（無米樂旅遊服務中心）

小南海風景區

小南海風景區地圖

地址：臺南市後壁區　**電話**：06-6872284

白人牙膏觀光工廠

白人牙膏觀光工廠地圖

地址：嘉義縣水上鄉十一指厝144號　**電話**：05-2605858

營業時間：09:00～12:00 / 13:00～17:00

食在好味

莊良伯麵店

莊良伯麵店地圖

地址：臺南市白河區文明街16號

電話：0952-191258　**營業時間**：10:00～16:00 / 週一公休

白河鴨頭

白河鴨頭地圖

地址：臺南市白河區中正路和中山路交叉口　**電話**：06-6854960

營業時間：16:30～18:00

廟口餡餅大腸蚵仔麵線

廟口餡餅大腸蚵仔麵線地圖

地址：臺南市白河區康樂路34號

電話：0931-884497　**營業時間**：10:30～18:30 / 週二公休

情。在浪漫唯美的氛圍下，輕鬆地遠望這天地間的色彩紅綠分明，周圍默默繚繞著鄉野氣息，仔細觀賞那一朵朵又大又紅的木棉花，展露出輕柔嬌媚卻又氣勢非凡。

白河木棉花道適合安排在三月中旬到訪賞花，深深的一抹橘，帶我們進入木棉鋪天蓋地的風采中，那豔麗花朵築起最富麗堂皇的橘豔隧道，木棉花正在用力地爆炸怒放著，四周瀰漫著氤氳的橘，心底的浪漫輕揚起漣漪，好似故事沒有結尾，令人回味遐想，也留下最深刻的回憶。三月記得來白河林初埤賞木棉花！✽

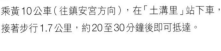

紫藤花下浪漫用餐，樂享怦然心動之旅

噢哈娜咖啡屋

賞花期／4月上旬～4月中旬

噢哈娜咖啡屋

地址：苗栗市西湖鄉金獅村2鄰金獅18-5號

電話：03-7923902　**營業時間**：10:00～18:00／週二、週三公休；紫藤花花開期間，營業時間週一至週日不打烊，其他時間前往時，建議提前預約

地圖

紫藤季才有每天營業

二〇一六年的春天總算感受到春暖花開的春日氣息了；自連假過後，看著臉書不斷受到日本櫻花、南部木棉花瘋狂洗版，終於也等到了紫色浪漫報到的消息。

在苗栗友人的臉書上，看到苗栗紫藤季正低調盛放中，盼著姊

妹們的休假日，以展開這場春日裡的幸福小旅行。

晨起，才緩慢地從南投驅車前往苗栗西湖準備賞紫藤，循著導航，大約一小時車程就抵達目的地，來到西湖湖東休閒農業區。這裡就是我們今天準備來賞紫藤花的地點——「噢哈娜咖啡屋」，可從西湖休息站下交流道約二公里可到，大門入口的藍色鐵門上，清楚標示著車輛可停放在對面的停車場，千萬別直接開上去，因為上頭實在沒有大空間能提供遊客停車。噢哈娜咖啡屋平時只營業週一、五、六、日及例假日，不過每到紫藤花開的季節，每天都有營業唷！

走進大門後眼前就出現紫色，讓我們開心地加快步伐，想趕快揭開這片紫色的神祕面紗。屋簷上一叢緊簇著紫色小花的「錫葉藤」，迷人的小花正綻放著大美麗，是帶給旅人驚喜的一大亮點。錫葉藤諧音聽起來像是許願藤，也像喜悅，讓人一走進咖啡屋就開心，賞花旅程也甜蜜地展開。

雖然我們不是最早的第一批客人，但也算是早到的一組客人，一席低調的粉紫色花毯像是鋪在地上迎接著到訪的旅人。噢哈娜的前身原為「陶蝶H」，目前更名為「噢哈娜咖啡屋」。和老闆聊天後，才知道噢哈娜日文是花卉（花開之意），夏威夷文是

「家」的意思，她希望旅人來到這兒，都能有回家的暖心感受，坐下來賞花喝咖啡，讓身心都能愜意慢遊，放鬆下來。

夢幻餐桌等你蒞臨

咖啡屋前的庭園，分別有兩處大紫藤藤蔓，且樹齡皆有十五年，現場花況實在教人嘆為觀止，雨後的一大早，紫花片片落地，落成兩大片優雅的花毯，極其美麗又壯觀。占滿畫面的紫色風暴對視覺造成衝擊與震撼，身置紫色的包圍有些不真實的夢幻感，又美得無法用三言兩語來形容，我想此刻只需靜靜欣賞、用心感受就夠了。

噢哈娜室內的空間後期也再整頓過，據說以前是當作倉庫使用，目前改造成咖啡屋，供旅人來這兒放鬆，感受世外桃源的靜謐幽然。正當紫藤花開的季節時，歡迎來坐在紫藤花樹下用餐，享受夢幻的餐桌心動旅程吧！

我們點了水果鬆餅，鬆餅的滋味新鮮可口，加入甜甜的自製蜂蜜還挺好吃的，推薦必點的還有熱飲芋香牛奶，醇濃的奶香味喝在嘴裡非常溫潤，最棒的是還喝得到鬆軟芋頭泥，口感好豐富；我和姊妹們一起愜意地坐在紫藤樹下，慢度這個忘憂的午前時光，細細地品味與感受被紫色所環抱圍繞的所有美好。✽

交通指南

開車

國道3號→後龍交流道下→經後龍於龍坑陸橋左轉往西湖

周邊景點

好望角

地址：苗栗縣後龍鎮半天寮海邊
營業時間：全天開放

白沙屯拱天宮

地址：苗栗縣通霄鎮白東里2鄰8號　**電話**：03-7792058

好望角地圖

白沙屯拱天宮地圖

食在好味

西湖祕密花園

地址：苗栗縣西湖鄉金獅村茶亭9鄰6-1號　**電話**：03-7923029
營業時間：10:00～22:00／週二公休

通霄王煎包

地址：苗栗縣通霄鎮信義路119號
營業時間：06:00～12:00

西湖祕密花園地圖

通霄王煎包地圖

Part2

夏天

粉荷綠意沁涼

牛耳藝術渡假村

人間四月天，桐花盛開紛飛

賞花期 / 4月上旬～4月下旬

牛耳藝術渡假村

地址：南投縣埔里鎮中山路四段1-6號

地圖

四季皆適合闔家同遊

遠離都市的喧囂，放空所有雜亂的工作情緒，週五後的下班夜，跟我一起奔往南投埔里，讓心旅行，也給自己放個兩天一夜的假期吧！

牛耳藝術渡假村成立於民國七十六年，占地約兩萬坪，可

俯瞰大埔里市區，園區密植樹木花草，每年四月這裡桐花盛開紛飛，六月至十月是最親近大自然、生動的賞蝶季，還有滿園的石雕藝術，四季皆適合親子同遊來渡假。

・入園費用・

全票： 200元／人（門票費用可全額抵用園區內指定項目的消費）

優待票： 100元／人（國小以下，65歲以上）

聽說，這裡的桐花滿開了！前一晚抵達牛耳藝術渡假村時已是晚上，在特別的樹屋裡享用晚餐後，早早休息入睡，也在隔天特別起了個大早準備賞花。豈知天公不作美，原本迷濛的天空，竟然開始飄起了細雨，只能待在房裡靜靜地等著雨停，其實也別有一番滋味；幸好不用擔心會壞了賞桐興致或者賞不到油桐花，老天只是忘了關緊蓮蓬頭而已，雨在幾分鐘後就停歇了，而我也開始了我的牛耳公園賞桐記趣。

桐花飄落石雕，別有風味

一座桐花公園，走出房間就看得見，白了頭的樹梢，一下就能得知自己很幸運，花況正值滿開

期間，處處皆可見遍地的落花地毯，不時一陣微風拂過，除了帶點清新，還挾帶幾朵的桐花飄落。園區內因石雕而享盛名，不少石雕上都落下一朵朵細白嬌嫩的花兒，加上剛剛的細雨，讓花瓣變得更是皎潔嬌滴；漫步桐花公園的一人旅行，似乎忙碌了些，因為眼前實在有太多處的桐花美景需要捕捉。

雨過天晴，藍天與陽光一起露出臉來，拍了不少好照片的我，心滿意足地決定讓腳步歇止，一邊晃著鞦韆，一邊欣賞著桐花落雨，這是在牛耳石雕公園才享受得到的特別氛圍。✽

交通指南

開車　國道3號→於霧峰系統接國道6號→下愛蘭交流道→走臺14線→依指標前進→抵達南投埔里牛耳藝術渡假村

大眾運輸工具　客運：可搭乘客運或火車至臺中，在臺中干城車站轉搭乘南投客運、全航客運至埔里，可於進入埔里市區前的「牛耳石雕公園站」下車，步行100公尺即可抵達。

全航客運

周邊景點

廣興紙寮

地址：南投縣埔里鎮鐵山路310號　**電話**：049-2913037　**營業時間**：09:00～17:00

廣興紙寮地圖

金鋼基地

地址：南投縣埔里鎮南安路320號（宏利汽車檢驗場正後方）　**電話**：0920-589025　**營業時間**：週二～週五 13:00～22:00／週六10:00～22:00／週日10:00～18:00／週一公休　**票價**：全票150元／優待票100元／團體票130元

金鋼基地地圖

食在好味

雕之森手創料理樹屋餐廳——鐵板燒／日式無菜單料理

地址：南投縣埔里鎮中山路四段1號　**電話**：049-2912248　**營業時間**：午餐11:00～14:00／晚餐17:00～21:00

雕之森手創料理樹屋餐廳地圖

可妮小屋

地址：南投縣埔里鎮西安路二段77號　**電話**：049-2930079　**營業時間**：11:00～21:00

可妮小屋地圖

國立暨南國際大學

油桐花一派優閒地鋪展，像似灑了一地的糖粉

賞花期／4月上旬～4月下旬

國立暨南國際大學

地址：南投縣埔里鎮大學路1號

地圖

四季更迭的校園美景

一早的晨光喚醒了旅人惺忪的睡眼，外頭天氣雲淡風輕，是很適合出門小旅行的日子。由於前一晚留宿埔里，查了民宿距離暨

南大學路程約莫十五分鐘，可以趕在約定的早餐時間前回來，還有九十分鐘的時間可供遊樂，加上又是好天氣，讓我們臨時決定出發賞桐旅行去！

位於南投縣埔里鎮的暨南國際大學，隨著四季更迭，校園在不同的季節裡總是綻放著多彩的花色。我初次到訪此地，錯過了之前美麗的櫻花季，這回總算在桐花季時親身訪見風情萬種的校園，早晨的校園裡到處瀰漫著一派悠閒的輕鬆感，也許是假日的關係，抑或是清晨時分，一點都沒有鬧哄哄的學生氣息，如果不說明這是校園，可能還會讓人誤以為是在哪座國家公園裡！

在偌大的校區如果不確定賞桐花的位置地點，可以在駛過守衛室後往右轉往行政大樓的方向，賞桐位置鄰近臺中榮民總醫院埔里分院在暨大的門診部附近，其實挺好找尋的。

還未開拍桐花前，停車場旁的一條幽綠小徑就先吸引我的腳步前往探訪，早晨的微光穿過樹葉慢慢地透灑在小徑上頭，這裡的幽靜氛圍讓人很隨興自在地漫步其中，獨享著一片浪漫的寧靜時光，悄悄地開啟我在暨大賞桐的浪漫心旅行。

交通指南

開車

路線一：國道1號南下→大雅／中清路交流道（174 K）或臺中／中港路交流道（178 K）下→往臺中方向→右轉上中彰74快速道路→至快官交流道→往南轉國道3號→往南投方向→至霧峰系統交流道（214K）→右轉匝道往埔里→向東行至愛蘭交流道（29 K）下→左轉接臺14線中潭公路→往魚池日月潭方向約10分鐘即可抵達暨大。

路線二：國道1號北上→王田交流道（189 K）下→過大肚橋→經彰興路約行1公里→右轉上快官交流道→往南轉國道3號→往南投方向→至霧峰系統交流道（214K）右轉匝道往埔里→向東行至愛蘭交流道29 K下→左轉接臺14線中潭公路→往魚池日月潭方向約10分鐘即可抵達暨大。

路線三：國道3號→不管南下北上均自霧峰系統交流道（214 K）處右轉匝道往埔里→向東行至愛蘭交流道（29 K）下→左轉接臺14線中潭公路→往魚池日月潭方向約10分鐘即可抵達暨大。

大眾運輸工具

高鐵：可搭乘高鐵至臺中站後，於高鐵5號出口搭乘臺灣好行日月潭線（臺中干城站→臺中火車站→高鐵臺中站5號出入口→暨南大學→日月潭），途中可在暨南大學站下車（建議訪客搭乘此路線）。或在高鐵5號出口搭乘南投客運經國道6號至埔里「崎下站」下車後，再搭乘暨大校車約5分鐘抵達暨大。

火車：搭乘臺鐵火車至臺中火車站，至臺中干城車站轉搭乘南投客運、全航客運至埔里「崎下站」下車後，再搭乘暨大校車約5分鐘抵達暨大。

客運：搭乘國光客運至臺中，在臺中干城車站轉搭乘南投客運、全航客運至埔里「崎下站」下車後，再搭乘暨大校車約5分鐘抵達暨大。

藍天白雲是最佳攝影背景

藍天白雲的好天，讓我初訪暨大校園就留下相當美好的印象。在大埔里地區，暨大桐花樹的數目相比起來不算多，但樹齡看起來都相當有年紀，樹體高大、種植位置也十分集中，而其中少數幾棵讓人容易親近的桐花樹，正彎著樹身，捧著一束束綻放的花朵，喜迎旅人們的到來。

二〇一六年的桐花整體看來，可能是缺雨水的關係，花瓣顯得不夠圓潤飽滿，相較往年，來得小巧了些，不過滿開的盛況依舊美麗動人。美麗的油桐花樹佐著藍天和日光，靜待遊人們帶回一段美好的賞花回憶，面對這般的好風景與好天氣，讓我駐足在桐花樹下許久的時光。不容錯過的還有夢幻般雪白靜雅的糖粉桐花毯，讓人一再逗留，我還帶了心愛的小玩偶，利用花毯拍下一張張最棒的旅程紀念。

風和日麗的美好晨光，佐著徐徐的涼風，伴著綻放的雪白花景，寫下一段我在暨大賞桐的浪漫旅誌。✽

周邊景點

桃米生態村
地址：南投縣埔里鎮桃米里桃米路
電話：049-2918030
營業時間：09:00～20:00

桃米親水公園
地址：南投縣埔里鎮桃米巷29-35號
電話：0939-300768
營業時間：全天開放

桃米生態村地圖

桃米親水公園地圖

食在好味

黑豆園活魚料理餐廳
地址：南投縣埔里鎮桃米巷11之12號　電話：049-2915622
營業時間：11:00～14:00／17:00～20:30

胡國雄古早麵
地址：南投縣埔里鎮仁愛路319號
電話：049-2990586
營業時間：09:00～20:00

黑豆園活魚料理餐廳地圖

胡國雄古早麵地圖

荷苞山桐花公園

四月飛雪悠閒日光輕旅行，燦爛紛飛桐花季熱鬧開賞

賞花期／4 月中旬～ 4 月下旬

荷苞山桐花公園

地址：雲林縣古坑鄉荷苞村小坑

地圖

荷苞山內有桐花公園

我學生時代常常會來到荷苞山騎自行車，但卻從未注意過，原來還有個桐花公園。把握天晴，規畫了雲林一日遊行程，安排了超早的「古坑賞桐花之旅」，天還沒亮就為了逐桐花地毯而來。

初訪古坑荷苞山，錯置在四月雪白紛飛的浪漫童話夢境中，桐花雨、桐花地毯一個轉身即得，停留在最浪漫的日光小旅行裡，燦爛桐花季，一步步幸福開賞。

荷苞山桐花公園，亦是荷苞山自然生態香藥草園區。桐花季期間，入口廊道刻意以客家花布做出意象的布置，更添賞桐花熱鬧的樂趣。我們從桐花大道開始遊玩，一旁的桐花區在地圖看板上清楚且一目瞭然，我們看完地圖，緊接著就邁開步伐，尋桐花飄雪去。

拔地參天的桐樹

雲林荷苞山就像座山裡的小型桐花公園，裡頭分散著小徑步道，讓人可以在其中悠閒散步，

隨處可見落花地毯。早晨的荷苞山桐花公園氣候十分涼爽，日光照耀下的桐花看起來更加潔白美麗，重點是人潮少，偶爾也能獨享眼前的一片美景！

這裡必訪的還有一處參天的老齡桐樹，桐樹下飄散雪白的桐花，形成自成一格的美麗畫面。

我來訪的時間點，正好是桐花滿開之際，樹上沉甸甸、花團緊簇的白色桐花高掛著，十分絢爛；漫步在公園裡，隨處都能遇見旅人們的浪漫畫作。公園內也有豐富的鳥類和爬蟲類生態，是個典型的小小食物鏈公園。

旅人們如果有時間，不妨享受這裡的慢時光，無論親子旅遊或三五友人一同來這裡遊玩，感受桐花紛飛的浪漫四月天。

交通指南

開車　路線一：國道1號→西螺交流道或斗南交流道下→3號省道往斗六方向→轉大學路→右轉成功路→149甲縣道左轉後直行即可抵達。　**路線二**：國道3號→古坑／斗六交流道下→3號省道往斗六方向→轉大學路→右轉成功路→149甲縣道左轉後直行即可抵達。

大眾運輸工具　客運：搭乘火車或客運抵達斗六火車站，轉乘臺西客運斗六開往梅山方向（7125路）的公車，於「高林站」下車，轉乘計程車約10分鐘。

臺西客運

周邊景點

雅聞峇里海岸觀光工廠

地址：雲林縣斗六市榴北里中興路333號　**電話**：05-5511585

營業時間：08:30～17:00

雅聞峇里海岸觀光工廠地圖

蜜蜂故事館

地址：雲林縣古坑鄉湳子路88號

電話：05-5828255

營業時間：平日 09:00～17:00／假日 09:00–18:00

蜜蜂故事館地圖

食在好味

芋芯園庭園咖啡

地址：雲林縣古坑鄉早寮路72號

電話：05-5265006

營業時間：10:30～20:00

芋芯園庭園咖啡地圖

卡璐佶

地址：雲林縣斗六市大學路3段123號（雲科大校園內）

電話：05-5342653

營業時間：10:00～22:00

卡璐佶地圖

福田賞桐生態園區

清晨與桐花共舞，悄悄獨享片刻美麗

豐富生態值得探訪

從南投方向出發，再次駛離喧囂擾攘的城市，路經一三九線道（大彰路）彰化路段的「螢光橋」，這裡正盛開著滿坑滿谷的雪白桐花，旅人們經過這兒可以放慢速度或足短暫停留。清晨時分，八卦山上輕籠著薄霧飄渺，我喜歡清晨天光初亮之際，滿眼綠意的山林伴著風動花落的悠閒情調，而雪白桐花正在富裕沃壤中極致盛開著。林間棧道、參天桐樹與豐富生態，全是福田生態園區的經典特色！漫步林間，徜徉在最無拘無束的幽靜氛圍裡，任微風輕舞穿越樹梢風吹、花落，一場與桐花共舞的青春舞會正要開始，就悄悄地獨享最美麗的片刻吧。

賞花期／4月中旬～4月下旬

福田賞桐生態園區

地址：彰化市福田里福興路638號

電話：047-38530

地圖

清晨是最佳賞花時間

福田生態園區就像一座桐花森林小迷宮，密度甚高的桐花樹傾訴著福田的幸福故事；我們閒暇的腳步輕輕漫遊在山林之中，盛情參與這場風舞桐花的桐樂盛會，觀看著角落隨處的雪白花毯風景。靜謐山林中，站在遠處就能望見一撮撮雪白油桐在樹梢上風姿搖曳著，覆滿山頭。

順路走到桐花小徑的彎路盡頭，沒想到深處竟還藏著一棵參天桐樹，正獨白著最神聖不可侵犯的美麗。這個時間賞桐的遊客不多，常常都可以獨享與夢幻桐花花毯的甜蜜邂逅。

交通指南

開車 國道1號或國道3號→接快官系統交流道→接中彰快速道路74甲→往棹空方向→彰139縣道(約20K處)。

周邊景點

大山休閒牧場

地址：彰化縣花壇鄉灣福路60巷13弄13號

電話：047-872393 營業時間：06:30～20:30

貓頭鷹廣場

地址：彰化市大彰路65號 電話：047-327755

營業時間：平日17:00～00:00 / 假日14:00–00:00

八卦山大佛風景區 / 天空步道

地址：彰化市溫泉路31號 電話：047-222290

營業時間：全天開放

大山休閒牧場地圖　貓頭鷹廣場地圖　八卦山大佛風景區地圖

食在好味

黑公雞風味餐廳

地址：彰化縣花壇鄉聽竹街50號

電話：047-882882 營業時間：11:00～21:00

花壇公雞餐廳

地址：彰化縣花壇鄉聽竹街48號

電話：047-873331 營業時間：11:00～21:00

黑公雞風味餐廳地圖　花壇公雞餐廳地圖

清晨賞花真是無比涼爽又舒服自在，鳥語伴著花毯，著實達到沉澱放鬆心情的效果，對於害怕太陽酷曬的旅人而言，是非常適合造訪賞遊的時間。

員林藤山步道

美麗的桐花心，填滿了詩意

賞花期／4月中旬～4月下旬

員林藤山步道
地址：彰化縣員林鎮員南路
Google導航設定：藤山步道

地圖

首先來到位於彰化縣員林鎮的臥龍坡步道，這裡地處南投與彰化的交界，車道面積不大，請駕駛朋友一定要多加注意行車與會車的狀況。臥龍坡步道也是許多健行勇腳與自行車旅人所喜愛的步道之一，步道兩旁夾雜著許多桐花老樹，放遠望去，還有一整片八卦山山谷的盛放桐花，沿途可以一邊欣賞最綺麗的景色，或是多作停留，好好盡覽此處的桐花美景。從臥龍坡順行而下，盡頭處左轉即是藤山步道的起點，從員林藤山步道入口處走到山腰的員獅亭大約八百公尺，完整步道可貫通至南投八卦山的一三九縣道，有些健行的遊客也會從這裡一路走到微熱山丘（但距離有點遠）！建議想來賞桐的朋友們就走到員獅亭即可，短短的八百

賞桐步道輕鬆好走

從挑水古道沿著鳳山路至彰八十二縣道的臥龍坡步道，約二十分鐘路程，一路行駛在山林間的羊腸小道中，除了能夠放眼遠眺山景、遠景之外，還有不少盛放中的桐花樹，沿途美景頻現，讓人目不暇給。

公尺輕鬆又好走，也能欣賞到非常美麗的桐花步道。

沿路還有趣味俚語相伴

順著藤山步道的山路緩緩前行時要小心注意，因為藤山步道不完全屬於人行的步道，偶爾也會有車子往來其中，所以散步健行時，需多加注意來車。山林裡深淺不一的綠，著實教人心曠神怡，散步其中，更是有種說不出的放鬆感。我不疾不徐地走在盛開的桐花樹之間，以散漫的眼光看盡這裡每一處的美。漫步之間，終於看見一棵盛放的桐花樹，在樹下有過路旅人遺留下很「大心」的美麗桐畫作。美麗的桐花心，成了這個健行步道的一

大亮點，加上沿途桐花盛放散落，讓賞桐的腳步變得浪漫又充滿詩意。大雨後的桐林道，雪白桐花到處散落，處處像是被灑了一地的砂糖，雪白一片美麗極了！晨間的桐花毯還保有新鮮的氣息，想賞最新鮮、最有元氣的桐花毯，記得一定要早起來拍！

藤山步道賞桐還有一大特色，健行沿途都有臺灣俚語相伴左右，讓人會心一笑之餘也不無聊，還有獨特的合體字，頗有中國字義淵博的美感。輕輕鬆鬆地走了約十五分鐘就到達山腰間的員獅亭，在涼亭上可遠眺彰化市景，還有像毛蟲蟲一般的高鐵鐵道，賞完美景稍坐休息後再返程吧！雪白大道上以桐花鋪成夢幻般的大地美景，撼動了人心，也為此次賞桐之旅畫下完美句點。

交通指南

開車

國道1號埔鹽系統或國道3號中興系統→接76線快速道路→林厝交流道下→南下山腳路→左轉員南路→直行到底即可至藤山步道停車場。

大眾運輸工具

火車：搭乘臺鐵至員林火車站下車，轉搭彰化客運員林往南投方向（6925路）公車抵達「水堀頭」，轉乘計程車約5分鍾抵達員林運動公園，走到登山步道入口。

周邊景點

百果山溜滑梯

地址：彰化縣員林市出水巷

營業時間：全天開放

微熱山丘

地址：南投市八卦路1100巷2號

電話： 049-2292767

營業時間： 10:00～18:00

食在好味

銀河鐵道望景餐廳

地址：彰化縣社頭鄉協和村後路巷27-1號 **電話：** 048-721022 **營業時間：**平日17:00～00:00／假日11:00～00:00

夜光高鐵庭園咖啡

地址：彰化縣員林市山腳路一段坡姜巷465號 **電話：** 048-392927 **營業時間：**週一至週五15:00～00:00／週六10:00～01:00／週日10:00～00:00

黑竹園雞腳凍

地址：彰化縣員林市員水路一段676巷12號 **電話：** 048-313929 **營業時間：** 07:00～22:00

百果山溜滑梯地圖

微熱山丘地圖

銀河鐵道望景餐廳地圖

夜光高鐵庭園咖啡地圖

黑竹園雞腳凍地圖

挑水古道

盛綻桐花好似新娘捧花，迷人霜雪花毯現身

挑水古道下雪了

沿途的小山路環抱著滿眼的大自然綠意，著實讓人感到很放鬆也很自在，這裡是彰化芬園挑水古道，平日是在地居民喜歡來健行的地點，油桐花季時更是旅人的追花熱門景點。

桐花季來訪，清晨的大雨打落了不少的油桐花，花朵遍地散落，卻意外鋪成一地雪白景色，讓挑水古道下雪了！漫步健行到達賞桐區，輕鬆又好走，而一路上覆蓋著的一席雪白桐花毯，更是美得讓遊客們又驚又喜，快門也止不住地連拍好幾張！

賞花期／4月中旬～5月上旬

挑水古道

地址：彰化縣芬園鄉溪頭村員草路159號

地圖

今年的挑水步道好像變得有點不一樣了，步道旁的圳道已整治完成，而今日最令人驚呼的莫過於這遍地霜雪的景色，桐花布滿了所見的道路，夢幻得宛如下雪一般，美麗又迷人的景色，讓旅人們為之動容與瘋狂。

適合長輩小孩遊憩

目前可以環狀的方式沿著木格柵賞桐散步。盛綻的桐花好似一束束新娘捧花，毓秀油桐高掛在樹梢，讓賞桐旅程增添不少甜蜜氛圍。散步累了，不妨就在桐花樹下坐著，感覺風吹、欣賞花落。細看這片景致，呼吸挑水古道的清新空氣，耳裡聆聽悅耳的鳥語，眼前聆賞浪漫油桐花毯，格外詩意與浪漫。

美麗的五月霜雪，驚豔旅人的眼，而挑水古道的餘韻，依舊留存心頭，讓人期待與它的下次再相會！從山下步行上山約十分鐘內即可到達挑水古道賞桐花地點，這裡非常適合長輩和小孩到此遊憩賞桐花。

交通指南

開車　路線一：國道1號南下→接臺74線快速道路（中彰快速道路）→接臺74甲線→轉139縣道（大彰路）即可抵達。　路線二：國道3號北上→草屯交流道下→接臺14線→轉臺14乙線（碧興路）→轉碧山路即可抵達。

大眾運輸工具　客運：搭火車或客運到員林，在員林火車站前中山路左側的彰化客運，轉搭員林往南投（6924路）的班車，於「溪頭村」下車，下車後步行前往挑水古道入口。

周邊景點

微熱山丘

（詳細資訊請見115頁）

桂花田糕點主題休閒園區

地址：南投市八卦路1037-1號

電話：049-2291288

營業時間：平日09:00～19:00／假日08:00～19:00

桂花田糕點主題休閒園區地圖

食在好味

芬園溪頭古早味燒肉粽

地址：彰化縣芬園鄉彰南路一段194號　**電話**：049-2525189　**營業時間**：07:00～19:00（賣完為止）

芬園溪頭古早味燒肉粽地圖

東星屋景觀餐廳

地址：南投市鳳山路741號

電話：049-2009898

營業時間：平日16:00～23:00／假日11:00～23:30／每週一公休

東星屋景觀餐廳地圖

桐花走廊

漫步桐花古道，自在森林串遊

古道是桐花朝聖地

我們駕車旅行玩苗栗，一早就沿著苗四十八，一路尋著滿山遍野盛開的桐花蹤跡而來。在這裡能發現許多的古道，平日是在地旅人喜歡來悠遊放鬆的休閒地，到了桐花季便成了各地旅人紛紛趨之若鶩的桐花朝聖地了。

旅程一開始在行車的右側，發現一座寫著「三通嶺」的木式牌樓，我們被開滿桐花而白了頭的山景深深吸引，往裡頭開了約幾十秒的車程，就發現車輛沒有道路可通行，只剩下三通嶺古道健行的小徑，小徑雜草很多，旅人們可以考慮要不要繼續往前。

這處三通嶺入口，其實也是挑炭古道的舊山道，在入口處即能看見茂密又美麗盛開的高大油桐樹，而車輛能到達的地方就有一處小空地，一旁設有桌椅供遊客休憩。從這裡能遠眺前方已被桐花占滿、雪白的三角山，搭配著前方古厝聚落，形成一幅純樸的鄉村畫作，好不美麗。山裡到處

賞花期／**4 月中旬～ 5 月上旬**

桐花走廊

地址：苗栗縣三義鄉挑炭古道（三通嶺古道）／五月雪步道／桐花走廊

Google 導航設定：苗栗桐花走廊

賞桐路線：挑炭古道（三通嶺古道）→五月雪步道→桐花走廊

地圖

都能一眼就望見這些厚厚的粉白灑在綠樹上，如果有時間，不妨健行其中，會有美麗的收穫。

來五月雪步道感受自在

三通嶺入口的桐花景色較適合遠眺，所以停留的時間不會太久，接著我們繼續前往附近的自在森林「五月雪步道」。就在剛剛的三通嶺古道，其實也有看見可通達自在森林的指標，但我們並無實際走過一遍，所以不確定是否相連。初訪五月雪步道，這裡的樹上花況也是盛開，而我們所期待的桐花毯則呈現較稀疏的景象。不過實地探訪後，我們很喜歡五月雪步道的恬靜淡雅，空氣裡總是瀰漫著清新幽綠的氣

息，讓人在早晨來訪時也能有好心情，難怪被稱為自在森林，有機會不妨也來探訪感受一下吧！

走過兩個較小區域的古道景點，接著準備前往第三站的「桐花走廊」。桐花走廊總長約二公里，是三義地區享有盛名的賞桐步道，平日就是居民休閒的健行走廊，更遑論桐花季的此時，好多遊客結伴成群地漫步在廊道之中，散步在落花間，享受著輕風的圍繞，任憑腳步在山中小徑慢慢遊走、停歇、逗留，尋覓一處柔情的花毯，靜靜拍著美麗的照片，感受到好放鬆、好心情。

建議旅人們一年四季皆適宜來到三義古道悠遊，這裡到處都有

大樹參天，帶著豐富的綠意，讓人慢遊其中覺得放鬆與愜意。一邊聆聽鳥語，一邊悠閒慢走，也是一種簡單旅行的小幸福呢！✽

交通指南

開車　國道1號→三義交流道下→右轉臺13線省道往三義市區的方向→過三義車站後勿上陸橋→沿路橋右側接苗48鄉道直行即可抵達。

大眾運輸工具　**客運**：搭火車或客運到三義車站，出站後即可搭乘觀光巴士大坑線，往挑炭古道、桐花走廊方向。

周邊景點

勝興車站
地址：苗栗縣三義鄉勝興村14鄰勝興89號　**電話**：037-870435
營業時間：全天開放

三義木雕街
地址：苗栗縣三義鄉水美街
營業時間：08:00～21:00

建中國小3D彩繪階梯
地址：苗栗縣三義鄉廣盛村80號
電話：037-872007　**營業時間**：全天開放

西湖渡假村
地址：苗栗縣三義鄉西湖村西湖11號　**電話**：037-876699
營業時間：09:00～17:00
票價：以園區現場為準

龍騰斷橋
地址：苗栗縣三義鄉龍騰村　**營業時間**：全天開放

勝興車站地圖　三義木雕街地圖　建中國小3D彩繪階梯地圖

食在好味

居鳩堂庭園茶屋
地址：苗栗縣三義鄉水美48號　**電話**：037-879879　**營業時間**：11:00～18:00／週二公休

金榜麵館
地址：苗栗縣三義鄉中正路170-7號　**電話**：037-873567　**營業時間**：07:00～20:00

漫時光
地址：苗栗縣三義鄉龍騰村9之5號　**電話**：037-878600
營業時間：平日13:30～17:30／假日11:30～17:30／週三、週四公休

西湖渡假村官網　西湖渡假村地圖　龍騰斷橋地圖

居鳩堂庭園茶屋地圖　金榜麵館地圖　漫時光地圖

銅鑼天空步道

欣賞五月桐花雪，讓心徜徉山谷裡

藍色吊橋與雪白桐花映襯

從國道一號下銅鑼交流道，再接上銅鑼外環道後，即轉入九湖。經過眼熟的銅鑼杭菊賞花處，循著導航指引的路線一路前進，沒一會兒，就能在路旁看見銅鑼自行車道的標誌牌。車子緩緩駛進山中小徑，經過許多大大小小的茶園田地，那裡有高樹成

賞花期／4月下旬～5月中旬

銅鑼天空步道

地址：苗栗銅鑼自行車道／九華山天空步道　Google導航設定：苗栗天空步道

地圖

蔭，填滿車窗的畫面盡是桐花與茶園相襯的美麗風景，一路伴隨直到目的地——銅鑼天空步道。

這裡擁有完整的自行車道與散步道路，沿途就能看見喜愛騎自行車的車友們從山下組成一路車隊騎乘上山，而步道阻隔了車輛的進入，不少遊客攜家帶眷以全

家總動員的方式上山來健行與賞花。步行約五分鐘，就能走到天空步道前方的一處吊橋，吊橋醒目的藍色橋身，為旅人帶來不少的驚喜。吊橋上的旅人紛紛停下腳步逗留在橋面上觀賞，原來兩旁出現雪白桐花的景致，由高至低處，放眼望去每個角落全是驚喜，爆滿的白色花朵，使得樹梢就像被灑了糖粉，實在美極了。

可散步至挑鹽古道

我們提起腳步繼續往前走，走離吊橋後沒幾分鐘就到達天空步道，十分輕鬆好走。這條天空步道的設計有圓弧也有曲折，讓整座鬱蓊蒼翠的山谷添注一抹活潑的趣味，步道旁也設有景觀平臺，能欣賞遠方美麗的山景，好天氣還能眺望通霄苑裡的海邊。旅行在山中，沉浸在恬靜的大自然，欣賞盛開的桐花雪，讓心徜徉山谷裡，感覺自在而美好。

天空步道的健行距離不長，從停車處往返再加停留賞花的時間，大約可安排九十分鐘稍作停留，或是散步銜接至挑鹽古道上，都是很棒的旅程規畫。享受著寧靜又美麗的山谷，遠離了塵囂，就算不是桐花綻開的季節，這裡一年四季都好適合來慢活旅行，留下旅人們悠閒的足跡，也記錄一段美好的輕旅行時光。✽

交通指南

開車　**路線一**：國道1號→三義交流道下→走臺13線進入三義市區→往銅鑼方向走外環道→往九華山的樟九大橋左轉即可抵達。

路線二：國道1號→銅鑼交流道下→銅鑼外環道（臺13線）往客家文化園區指標開→沿著天空步道的指示牌開再左轉苗38-1鄉道往九湖方向行駛→過九湖大橋後直行到底左轉→跟著天空步道的指示牌開即可抵達。

周邊景點

苗栗客家文化園區

地址：苗栗縣銅鑼鄉九湖村銅科南路6號　**電話**：037-985558　**營業時間**：09:00～17:00／週一公休

苗栗客家文化園區地圖

飛牛牧場

地址：苗栗縣通霄鎮南和里166號
電話：037-782999　**營業時間**：07:00～22:00　**票價**：以園區現場為準

飛牛牧場地圖

食在好味

韓鄉村牛肉麵

地址：苗栗縣銅鑼鄉銅鑼街19之3號　**電話**：037-981325　**營業時間**：07:00～16:30／週一公休

韓鄉村牛肉麵地圖

上田咖啡休閒莊園

地址：苗栗縣通霄鎮9鄰93之1號
電話：037-783798　**營業時間**：平日10:00～19:00／假日09:00～20:00

上田咖啡休閒莊園地圖

桐花樂活主題公園

白花搭配客家紅磚牆，好一番農家樂景象

全家出遊踏青好去處

好天氣說走就走的小旅行，帶著好心情，我們往苗栗出發囉！

依循客家大院的導航指標來到桐花公園外，由於車輛無法直接開進去，請繼續直行就會看見免費的停車場了。腳步緩慢走進桐花主題公園中，一大面搶眼的桐花樂活立體紅磚牆十足吸睛，而小巧可愛的桐花也在此洩漏了蹤跡，白花搭配著紅磚牆，好有農村樂的活潑意象。

桐花樂活主題公園占地非常廣大，是非常適合全家出遊踏青的好選擇。公園裡主要種植油桐花，一年四季之中，以初夏時節的五月雪景色最是特別，也吸引各地旅人紛紛來訪。散步步道中不乏藝術裝置，加上園區打造了許多提供休憩的區域，各有各的特色，有的古色古香，有的綠意盎然，都教人遊憩其中時覺得舒心暢快。

漫遊的過程可以看見不少已經滿開的油桐花樹，樹梢就像是盛開著的新娘捧花一束一束的，而

賞花期／4月下旬～5月中旬

桐花樂活主題公園

地址：苗栗縣銅鑼鄉龍泉15號

電話：037-985783

營業時間：08:00～17:00

地圖

雪白的樹梢在炎炎夏日更是讓人格外消暑，近距離地親近這些美麗的桐花，在浪漫清新的氛圍裡慢慢旅行，真是驚豔又美好的經驗！除了抬頭看看樹上的美麗，低頭也能欣賞花毯的浪漫！建議想看花毯的旅人，腳步一定要提早，因為天氣實在太酷熱，太陽一曬，桐花就很快凋萎了。

在地特色的可愛造景

園區還有許多可愛造景讓旅人的腳步逗留，既浪漫又好拍，現場有不少的親子和情人，一起攜手在這大公園中玩得不亦樂乎。可愛的公園童趣造景，有桐花寶寶、火旁龍，也有傳統的舞獅，個個都充滿苗栗在地特色及傳統的味道。

公園裡也有千坪大的綠色草坪，讓人穿梭在清新的綠意中旅行時也能舒心自在，安排走逛一圈可以停留九十分鐘沒有問題，在充滿綠意的大地裡慢遊著，真的感覺好舒服好愜意，心情就在這瞬間完全放鬆，不妨稍微停下腳步，徜徉在綠色的大自然吧！

來訪的旅人有不少是長輩團體客，大伙們走累了，紛紛坐在桐花樹蔭下乘涼休憩，真是悠閒又自在。走逛桐花公園到了最後的經典站——「客家大院」，它就座落在桐花公園的最深處，打造成傳統磚造三合院的古厝風貌，讓長輩們到此一遊時有特別的回味呢！

客家大院從屋脊到一磚一瓦都不馬虎，可以看見這幢客家原味建築的維護與用心，也讓旅人們快門直按不停，我很意外客家大院竟保持得如此完好，承載客家文化傳承精神。在這個三合院中，每個小房間都有不同的文化展出品，旅人們不妨利用一些時間慢慢走逛，細細品味客家文化的體驗；像我們走過昔時中堂、書房，再到臥房等參觀空間，這裡讓長輩們看了真是回味無窮呀！

交通指南

開車　國道1號→苗栗交流道下→右轉後汶公路→於苗128右轉→行駛東西向快速公路（後龍汶水線）→過客屬大橋後右轉苗119即可抵達。

大眾運輸工具　火車：搭乘臺鐵到銅鑼火車站下車，轉乘計程車前往。

食在好味

棗莊古藝庭園膳坊

地址：苗栗縣公館鄉福星村館義路43之6號　電話：037-239088　營業時間：平日11:00～14:00／17:15～20:00，假日11:00～14:30／17:15～20:30

福樂麵店

地址：苗栗縣公館鄉福基村121號

電話：037-224455　營業時間：平日10:00～14:00／17:00～20:00／假日10:00～20:00／週一公休

周邊景點

客家大院

地址：苗栗縣銅鑼鄉龍泉15號

電話：037-985783　營業時間：08:30～17:00

大補內彈珠汽水觀光工廠

地址：苗栗縣銅鑼鄉民生路11號

電話：0910-900884　營業時間：10:00～11:30／13:30～15:00／15:30～17:00（需提前預約，票價：每人200元／3歲以下免費）

苗栗客家文化園區

(詳細資訊請見127頁)

客家大院地圖　大補內彈珠汽水觀光工廠地圖　棗莊古藝庭園膳坊地圖　福樂麵店地圖

員林蜀葵花海

流連蜀葵花叢間，湧現戀愛般甜滋味

賞花期／4月下旬～5月中旬

員林蜀葵花海

地址：彰化縣員林鎮大饒里大饒路803巷

地圖

大面積的蜀葵花田

彰化員林蜀葵花田新亮相！雖然已不是第一次欣賞一大片的蜀葵花田，但卻是第一次在彰化遇見這麼大片的幸福花田，心情依舊悸動不已。這裡的花田面積其實算滿大的，種植的方式較為密集，所以枝幹較細長，沒有像花園迷宮般的設計，但花開得相當

健康又美豔。利用休耕的農田改種植蜀葵，著實讓這田間小路洋溢濃濃的幸福味，花田間還預留著水路呢！遊客們在繽紛的花田數著眼中看到的不同色彩，每個花朵都綻放無限的美麗，搭配涼爽的微暖氣候，在午後來場簡單的賞花小旅行，感覺腳步輕盈，心情也愉悅了。在蜀葵花田裡，感受著初夏的浪漫氣息，流連花叢間，有股戀愛般的甜甜滋味湧上心頭。天暖花好，蜜蜂們也忙著開工，厚重的花粉，像是幫蜜蜂穿上一襲華麗的粉衣，相當富有田野趣味。

一畝田休閒農場

員林南區運動公園的蜀葵花海，接近尾聲之際，附近還有個第二花區才正要揭起浪漫的金色花海旋風！第二花區由「一畝田休閒農場」所規畫，我到訪的當天，恰巧遇上這裡的負責人，還小聊了一會兒，他分享目前的花區已種植約一甲多的向日葵花海，並設計一些裝置藝術，部分花區仍有蜀葵（仍為培育階段）。這裡的向日葵花海賞花期從五月中旬開始，一路可欣賞到六月底。

花期結束後一畝田預備將整座園區規畫成員林地區的親子觀光休閒農場，未來農場裡可以賞

花，還會有砂池、可愛動物及觀賞野鳥水鴨的自然生態平臺等，估計農場園區版圖將逐一擴大至五甲多，非常值得期待！

交通指南

開車 國道1號或國號3號→接臺76線快速道路下社頭田中後接著直行→接大饒路即可抵達。

大眾運輸工具 火車：搭乘臺鐵至員林火車站，轉租UBike，騎約10分鐘路程即可抵達。

周邊景點

警察故事館

地址：彰化縣員林市三民街14號

營業時間：09:00～11:30／14:00～16:30／週一公休

鐵路穀倉／B12文創特區

地址：彰化縣員林市新生路320號

電話：048-383866　營業時間：11:00～20:00　門票：100元／人（可全額抵餐飲部分消費）

食在好味

姜家麵名銾私房麵

地址：彰化縣員林市三民街49號

電話：048-323497　營業時間：11:30～14:00／17:00～19:30／週日公休

東門賴家碗粿

地址：彰化縣員林市民生路76號

電話：048-326433　營業時間：07:00～12:00

警察故事館地圖

鐵路穀倉／B12文創特區地圖

姜家麵名銾私房麵地圖

東門賴家碗粿地圖

中興新村荷花池

粉嫩荷苞甜美綻放，賞荷腳步輕舞飛揚

賞花期／5月上旬～5月下旬

中興新村荷花池

地址：南投市省府路140號

地圖

一期一會，浪漫之約

我從曼谷旅行回到臺灣，很明顯地能感受好天氣的熱力，炎炎夏日已經悄悄來報到了！每年初夏的賞花盛事，非中興新村賞荷花莫屬，一期一會的浪漫之約，讓我迫不及待奔來賞荷花拍花田，利用午前的小時光，一遊中興新村熱門的賞荷勝地。中興新

村荷花池距離我家其實滿近的，這次特別騎著小折來這裡遊逛花田，騎乘穿梭在盛放的鄉野花田間，享受旅行是最浪漫的小事。

一朵朵美麗又粉嫩的荷苞正甜美綻放著，周圍的空氣很清新，天空也很晴朗，連帶地腳步和心情也跟著輕盈悠揚起來；在中興賞荷，可以最輕鬆的姿態慢步在賞荷步道之間，這裡也有提供荷花的小小知識補給站，讓旅人在賞花遊樂之餘，也能進一步地認識眼前這些美麗的荷花。

中興新村荷花田分布的位置，大概約從中興新村牌樓前（省府路）延伸至太平路一段，以荷花池的方式，一區一區呈現，且周

園多為景觀餐廳，讓人可以坐在荷花田旁賞花享受美食。粉嫩的花朵彷彿有股神奇的魔力，可以很輕鬆又愜意地讓人靜下心來欣賞花朵，也讓旅人的腳步停滯不前，非得拍夠了才肯移開步伐。一朵朵荷畔的粉花美豔盛開，池邊坐著一位小小畢卡索描繪眼前所見的一切美好，不同的是他利用了一幅畫紙，留下最深刻也永恆的回憶。

南投的後花園

中興新村一直以來在我心中就是一處南投的後花園，這裡四處布滿綠蔭、綠毯，讓人可以想來就來，隨時感受它的愜意美好；每年到了荷花盛放的季節，在綠葉裡冒出頭的嬌嫩紅花更是吸睛，浪漫中帶了點甜蜜的活潑氛圍，可以很放鬆、很自在地讓心徜徉在這一片花海之中，就像是戒不掉的癮，讓人沉醉迷戀！

人們常說，心境不同，看見事物的角度也有所不同，一期一會的荷花季，感覺就像是拜訪老朋友般的平常，但這回卻總有些說不上來的感動和開心。微風伴著我旅行中的輕快腳步，在最燦爛耀眼的陽光下，可以很從容自在地乘著風像追夢一般，欣賞出淤泥卻一點都無塵染的花朵，綻放一股天真、不造作的氣息，著實讓人彷彿走進詩意的畫中，恬淡得令人屏息讚歎。

周邊景點

中興新村兒童公園

地址：南投市中學路光華路

工藝文化館

地址：南投縣草屯鎮中正路573號

電話：049-2334141　營業時間：09:00～17:00／週一公休

交通指南

開車　國道1號→過王田交流道後到彰化系統交流道接國道3號→下南投交流道後往中興新村方向→右轉臺14乙線省道可至中興新村。

大眾運輸工具　高鐵：搭高鐵到臺中烏日站，轉搭統聯客運至「中興新村站」下車。火車：搭臺鐵到臺中站，轉搭總達客運經中興開往水里的班車，至「中興站」下車。　客運：搭乘國光客運到南投「中興站」下車。

統聯客運

總達客運

食在好味

正典牛乳大王

地址：南投市中興新村光榮西路11號　電話：0937-263985　營業時間：10:00～19:00／週一公休

鼎唐風

地址：南投縣草屯鎮中興路489號

電話：049-2321709　營業時間：11:00～23:00

映古子咖啡

地址：南投縣草屯鎮育才巷54號

電話：0963-249015　營業時間：09:00～18:00

中興新村兒童公園地圖

工藝文化館地圖

正典牛乳大王地圖

鼎唐風地圖

映古子咖啡地圖

沐心泉休閒農場

迷人紫與盛夏橙交織，美過頭的金針花海

中部約會旅行的首選勝地

已經期盼了好久，想來新社沐心泉一賞臺中金針花海的心願，終於實現。

素有臺中後花園之稱的「新社區」，以新社花海及各式渡假休閒景觀餐廳為名，是中部人假日約會旅行的首選勝地。交通還算便利，來到新社後開車約十五分鐘就能抵達沐心泉，但途中會開上一小段的山路喲！

每年的五、六月和八月都是沐心泉旅遊人潮最為狂熱的月分，它擁有大臺中地區獨有的金針花山，只要說到臺中金針花季，就一定會想到它！又到了這個金黃色浪毯花開的季節了，不用跑遠到東部，可以就近先到臺中來欣賞這美到讓人想大聲尖叫的美麗金針花海；而沐心泉除了金針花海，竟然還有浪漫夢幻的紫色花海驚喜，是由愛情花鋪設而成的大花園，放眼望去盡是一大片的紫色花毯，實在浪漫得好迷人。

原來沐心泉不僅有金黃色的金針花海，為了不讓金針花毯專美

賞花期／5月上旬～6月上旬

沐心泉休閒農場

地址：臺中市新社區中興街60號

電話：04-25931201　**開放時間**：平日09:30～18:00，假日09:30～19:00

入園費用：150元，可抵100元消費

地圖

於前，迷幻的紫花也撲天蓋地襲捲著浪漫而來。園區打造了多條賞花步道，讓旅人們可以走進花叢中，和愛情花貼近距離地觀賞和拍照。

愛情花近看好像一隻隻聚集在一塊兒的粉色紫蝶，小小的花朵很可愛又嬌美；偌大的花叢中除了紫藍色的花朵，也有優雅的純白色彩。正當漫步在愛情花園中時，不禁瞥見這令人動容的一幕——一對老夫妻坐在景觀椅上休憩聊天，拂著微風，聽著山林間的鳥語，靜享恬淡的浪漫幸福時刻，看得我都覺得好幸福。

平地與高山金針花期交錯

浪漫相接，距離愛情花園不到二十公尺處，已經可以看見金針花賞花木棧道了。美麗的金黃色浪花在微風中搖曳著，山林裡也瀰漫著甜蜜的氣味和歡樂的笑聲，午後的陽光依舊耀眼燦爛，照耀在金針花上又更顯得鮮豔橙黃，形成一幅唯美似畫的絕美景致，令人屏息讚歎。

為何在臺中山區會捲起美麗又浪漫的金色浪毯呢？原來是沐心泉農場的主人，從臺東引進這種平地種植的萱草（金針花），讓中部地區的民眾也能體驗感受到每年八月花東縱谷襲捲而起的那份金色浪漫，因為栽種多年，所以在中部地區享有臺中金針花海的美名，只要說到臺中的金針花，一定就會想到新社沐心泉！

在花區之中也有部分種植了原生種的高山金針花，花期是九月至十一月，與六月分的金針花季錯開，目前看到的都還只是一片片油綠色的鬆軟草毯囉！

剛剛提到沐心泉是一座位在山腰間的休閒農場，所以園區裡的散步步道都在緩坡上，山坡之間規畫出一區區的美麗花海，使人忘卻自己走在緩坡上，讓體力不好的旅人也可以開心享受健行的樂趣。漫步在沐心泉農場中，賞花健行也可享受山林無憂的氣息，所以來旅行的步調請再放慢

一些些，多感受一點陽光與綠意的擁抱。回程可以無須再走木棧道下山，改走另一條園區賞花步道，這裡有可愛的風車與金針花共築出的一段金色大道，好適合情人們一同來耍浪漫。

賞花步調告一段落，或走累了，可以來到剛剛愛情花海旁的沐心泉餐廳休憩及享用餐點，這裡也簡單地提供了簡餐、甜品和茶飲（可抵門票一百元），如果旅人不會太餓，建議就點一些簡單的點心或飲品來吃就好。✽

周邊景點

新社薰衣草森林

地址：臺中市新社區中興街20號
電話：04-25931066　營業時間：平日10:30～18:30／假日10:00～18:30　票價：以園區現場為準

新社薰衣草森林地圖

桃李河畔

地址：臺中市新社區中興街98-1號
電話：04-25931588　營業時間：平日10:30～19:00／假日10:00～21:00

桃李河畔地圖

食在好味

安妮公主花園餐廳

地址：臺中市新社區中興街223號
電話：04-25931568　營業時間：09:00～20:00

安妮公主花園餐廳地圖

普羅旺斯庭園餐廳

地址：臺中市北屯區東山路二段205-1號之1號　電話：04-22397099　營業時間：10:30～18:00／平日不營業

普羅旺斯庭園餐廳地圖

交通指南

開車　路線一：國道1號→中清交流道下走松竹路→往大坑方向經東山樂園→過中興嶺再往新五村方向直走→見到中和村指標右轉→遇大三叉路口右轉往中和村→直行經中和國小（在此之前可依薰衣草森林路標走）→再往前行約5~7分鐘左右，看見沐心泉招牌依山路向上即可到達。　路線二：國道3號→接國道4號走到底下豐原交流道→走臺三線省道經石岡往東勢方向→過東勢大橋後右轉接臺八線省道中橫公路往谷關路上→過龍安橋往新社方向直行→經過安妮公主花園再直行→到三叉路口左轉往中和村方向→行經中和國小（在此之前可依薰衣草森林路標走）→再往前行約5~7分鐘左右，看見沐心泉招牌依山路向上即可到達。

大眾運輸工具　客運：搭乘火車或客運到豐原火車站，步行到左前方的豐原客運車站，搭乘豐原客運91路公車至「中興嶺站」轉乘計程車即可抵達。

橫山屏休閒園區

黃金花朵一叢叢，豔陽下萬分閃耀

賞花期／5月中旬～6月上旬

橫山屏休閒園區

地址：嘉義縣梅山鄉中山路752號（梅山鎮安宮橫山屏休閒園區）

地圖

果園裡也有滿山金針花

下國道三號梅山交流道，經過崎頂營區，那滿眼的綠蔭陳列兩旁，大約只需再行駛二點二公里（五分鐘）即可到達「橫山屏休閒園區」。

前往橫山屏休閒園區指標十分明顯，就在路旁（臺三線二六七

公里處），由於裡頭的道路為單行道，花季期間管制只能以步行方式進入，用徒步方式走進一般民宿與農地間，約二百公尺就能走到目的地，是個非常輕鬆的賞花休閒園區。

梅山橫山屏休閒園區占地不小，可以看得出是一座果園觀光農場，裡面種植了不少桃樹以及四季花木。這次我是為了「金針花季」而來，沒錯，來嘉義旅遊也能賞金針花了！循著地圖路線指示行走，往右邊走會先經過一座小廟「鎮安宮」，廟的左前方就有一席正盛開的金針花毯，閃著耀眼的光亮，讓我們以手刀式快速大步邁前，一起感受初夏給予的大地溫暖吧！

初訪梅山橫山屏，這裡是道道地地的純樸鄉野，視野質樸，能感受到被群山所環抱的壯麗，耳邊不時傳入夏蟬的唧唧聲響。走在木棧道上，暖風吹拂著黃金花浪，頃刻間還真有種尊榮迎賓的意象，鄉間溫暖的情懷與感動，隨處俯拾即得；一叢叢的黃金花朵，在豔陽的照射下更顯得閃耀萬分，處處洋溢著慵懶的情調。黃澄澄的金針花海，讓旅人們一步一步地沉醉在初夏的金色浪花之中，實在難得能在西南部看見這樣一大片的金針花，除了震撼於眼前的美，更多的是感動的心情，尤其值得一提的是，橫山屏園區設計規畫的金針花毯比擬花東山坡式的種植，讓人可以從高處望下，真是驚喜萬分。

嘉義金針花季別有一番風情

穿梭在櫻花步道上來回穿梭，欣賞一朵朵盛開的金針花搖擺在花浪之中，好極致的美麗，也為這純樸的鄉村帶來熱鬧的氛圍；新設的木棧道涼亭，供旅人腳步停歇，而這裡也成了最熱門的拍照景點，木造涼亭搭配黃澄澄的亮眼背景，又讓人毫不手下留情地按下一張張的快門，記錄這一刻美好又浪漫的賞花回憶，感知這小小純樸園地裡的靜謐悠然，享受著午後賞花時光的美好。我在賞花的過程中巧遇一家子旅人，從木棧道上興奮地追入日光灑落的金針花田間，彼此合影留念，分享此時的愉悅。這一幕觸動了我的心境情懷，如實地靜靜記錄下眼前這塊土地的美好風情，以及心底最暖的溫度。

有別於花蓮六十石山、臺中沐心泉及日月潭的金針花，這裡的金針花毯中還種植著一棵棵桃樹或是其他果樹，形成十分有趣的觀景畫面，好像果園裡全鋪上了金色地毯般，頗有嘉義金針花季的獨特之味。園區內除了櫻花步道外，還有桂花步道及林蔭步道等美麗的遊憩步道，桂花步道裡有滿滿的高大桃花心木陪伴，漫步在其中極為心曠神怡，心情舒服又沉靜。在每個步道中因為種植的花木有所不同，都有屬於自己獨特的芬芳呈現給旅人，很適合放鬆心情和家人一同來賞花賞景，接近大自然。

足足有千坪大的金針花海盛開著，這裡就像是一座四季大花園，園裡植滿了四季不同時節開花的花卉，最適合在五至六月期間來賞金針花。如果已經錯過這段賞花期，那麼就記錄下來，放進賞花旅行的口袋名單裡吧！明年別忘了帶著家人一起出發賞金針花毯去。✽

交通指南

開車 國道3號→梅山交流道下→往梅山方向的162縣道直行→接臺3線省道至267處即可抵達。

周邊景點

梅問屋食品有限公司

地址：嘉義縣梅山鄉中山路527號

電話： 05-2620800

營業時間： 08:00～18:00

太平三十六彎

導航設定：太平三十六彎

營業時間：全天開放

梅問屋食品有限公司地圖

太平三十六彎地圖

食在好味

傳統豆花老店

地址：嘉義縣梅山鄉中山路300號

電話： 05-2623606

營業時間： 08:00～18:30

阿嬤咖啡＆無隱山居

地址：嘉義縣梅山鄉太平村坪路3-1號

電話： 05-2571638

營業時間： 10:00～22:00

傳統豆花老店地圖

阿嬤咖啡＆無隱山居地圖

屏東榮譽國民之家

榮民之家永遠的黃絲帶，最至高無上的精神象徵

行動不便也可賞花

初訪屏東榮家，只願一窺那美麗又夢幻的黃金隧道！

今年眾所期盼的嘉義朴子黃花風鈴木這條超人氣黃金隧道，花開的狀況不似二〇一五年那般的大滿開，在二〇一六年初夏時節，反倒是屏東內埔榮民之家的阿勃勒大道正值大盛開時期，花況很一致，花開得十分茂盛，實在教旅人們驚豔！

屏東榮家的阿勃勒大道一直都是我賞花攝影的口袋名單之一，一直沒去的原因無它，只因覺得路途實在太遙遠了，但實際走過一遭，發現屏東真的沒有想像中的遠啊！經過高雄，屏東馬上就到了，真的沒這麼遠呀！

來到屏東內埔的屏東榮譽國民之家（簡稱屏東榮家），想要進去賞花，記得要遵循守衛伯伯的指示，車輛依指示可停放在大門出入口的兩側，也需要簡單做個人資料和人數登記，寫完就可以進去散步賞花囉！在大門口就能遠眺到建築物的後方，正有兩抹

賞花期／5月中旬～6月上旬

屏東榮譽國民之家

地址：屏東縣內埔鄉100號

電話：08-7701621

地圖

金黃相襯，無論是哪一邊，都有最迷人的阿勃勒大道，因為距離門口很近，很適合帶行動不便的長輩一起來這兒賞花。

初夏正值阿勃勒盛開的季節，榮園裡就像披上了兩條黃絲帶，宛如歌頌著這些軍功彪炳的老官兵們，給予最至高無上的榮譽精神象徵，也為這裡帶來和平、希望與光明的面貌、氣息。邁開步伐，想要趕快一睹美麗的黃金隧道，才走沒幾步路，目光隨即被金黃閃耀的阿勃勒黃金隧道給震懾住，一條金色長廊就在眼前，實在好美！

同樣慕名而來追花的旅人們，或站或蹲地正以各種姿態沉浸在自己的取景世界裡，而我也開始忘我地加速按著快門，眼前的黃金樹已經徹底淹沒了上頭的藍天，形成一條黃花爆滿盛開的金色隧道，教人很難不為它動心。

水中映照出絕美樹影

黃金樹下設有休憩的白色涼椅，讓人可以乘坐其中欣賞周圍的景致美景，被一襲金色風暴重重環抱著，也可以好好停歇腳步，看一看光影從金色花朵裡透出映照在地面上的樹影，空氣中瀰漫著舒服的氣味、和諧的氛圍，坐著坐著忍不住就發呆放空起來，十足忘憂。黃金阿勃勒璀璨得像烈焰一般，築成黃金隧道與黃金花毯，難以形容的美景，就用雙眼好好地欣賞吧！

觀望著成列的阿勃勒金黃色大樹，這些大樹的樹齡應該頗有年紀了，每一棵都有三層樓的高度，黃色花兒盛放的同時，更顯得無比壯觀。在榮園的中央位置還有一座水池，換個視角，從水池裡的倒影欣賞阿勃勒的樹影姿態，也別有一番趣味。只可惜中央水池處沒有遮蔽物，還是回到黃金隧道裡，躲躲南臺灣毒辣的陽光吧！

初訪屏東榮家，感覺這裡的環境維護得很好，花木扶疏再搭配園內的黃金阿勃勒大道，令旅人流連忘返；午後的黃金隧道瀰漫著幽靜愜意，周遭的氛圍很是恬靜自在，不需急著離開，或是匆促地趕行程，我們坐在涼亭裡，感受著微風的吹拂，聽著鳥語的悅音，看著樹梢上結實纍纍的黃花，更等待著時不時的那一陣微風拂過，隧道裡就會彷彿下起了黃金雨一般，驚豔得讓人大叫：「好浪漫啊！」與情人牽著手漫步其中更是浪漫，這樣一處美麗的小風景，也能構築出一段最無拘束的美好旅程。

交通指南

開車　國道3號→麟洛交流道下→經由麟洛國中接屏37號道→往建興村直行即可抵達。

大眾運輸工具　高鐵：搭乘高鐵至左營站後，轉乘臺鐵到新左營站，再至屏東火車站，再轉乘屏東客運到「建興村」下車。　火車：搭乘至屏東火車站後，再轉乘屏東客運到「建興村」下車。　客運：搭乘屏東客運到「建興村」下車

周邊景點

六堆客家文化園區

地址：屏東縣內埔鄉信義路588號
電話：08-7230100　營業時間：09:00～17:00／週一公休

臺灣原住民族文化園區

地址：屏東縣瑪家鄉北葉村風景104號　電話：08-7991219　營業時間：08:30～17:00／週一公休

六堆客家文化園區地圖

臺灣原住民族文化園區地圖

食在好味

兩姊妹米苔目

地址：屏東縣內埔鄉中興路147號
電話：08-7799413　營業時間：06:00～18:00

南翔麵館（原孔家小館內埔店）

地址：屏東縣內埔鄉光明路633號
電話：0952-981685　營業時間：11:30～13:45／17:30～20:45

兩姊妹米苔目地圖

南翔麵館地圖

水車寮繡球花園

滿坑滿谷繡球花，浪漫指數百分百

湖田國小旁有入口

假日上陽明山走走，試圖偷一份難得的生活小確幸，卻在誤闖了這座填滿笑聲的繡球花山谷後，發現身邊的幸福已滿載！

這回上陽明山賞繡球花旅行，其實沒特別安排什麼行程，很隨興地走到哪就玩到哪。在離開了大賞園繡球花農場後，順路回到了水車寮路段，想起了水車寮步道好像也有一處山谷式的繡球花花園，和家人立刻就決定，再到水車寮的繡球花園賞花去吧！

水車寮步道入口不只一處，這天我們從大賞園農場離開順著小路回程，在路邊瞥見水車寮步道指標，循著指標旁的小坡向下

賞花期／5月中旬～6月中旬

水車寮繡球花園

地址：臺北市北投區竹子湖路17-2號（湖田國小旁水車寮步道內） 電話：0930-956271 開放時間：07:00～18:00 入園費用：100元

地圖

走，即可看見水車寮步道的另一處入口。步道入口不太起眼，很容易讓人忽略而錯過，建議可以從湖田國小旁邊的入口進入，就不怕迷路了。

繡球花山谷笑聲迴盪

走進步道內，滿眼的綠意讓人身心再次放鬆，走在參天綠樹之中，十分舒服又涼爽愜意。水車寮步道就循著小水圳鋪設，慢步健行的過程還可以聽見流水與風吹動樹葉的山中樂音，讓人不禁沉浸於大自然的美好之中。

水車寮繡球花園與大賞園的賞花情境真是大大的不同，水車寮是山谷式的賞花環境，我還真是

頭一回看見這樣滿山滿谷的繡球花毯；繽紛的花球，妝點著寧靜的山谷，眼前景色真是美得令人想尖叫！

漫步在一大片的紫藍色花球中感覺超級浪漫，發現水車寮繡球花園的花叢較為低矮，因此非常

交通指南

開車　國道1號→臺北交流道下→重慶北路四段→中正路→仰德大道→陽金公路經竹子湖派出所即可抵達湖田國小。

大眾運輸工具　客運：至石牌捷運站搭大南汽車的「小8」公車直達竹子湖（2段票），在「竹子湖派出所站」下車，再步行450公尺即可到達。或到北投站轉乘「小9」公車，在「湖田橋站」下車，即到水車寮步道入口。

大南汽車

容易就取景到滿滿盛開的花海，實在美極了！由於水車寮高家繡球花園是山谷式的坡地種植，不妨緩慢走到小山坡上，以居高臨下的方式捕捉山谷間的美豔花景，也是很棒的取景方式之一。

整座山谷與花叢之間就這樣盈滿旅人們漫遊賞花的悅耳笑聲，這裡也讓平時久居於都市的人們，與大自然進行零距離的接觸。我看著停留在山谷裡的旅人，全都拍照拍得好開心。這座山谷式的繡球花大花園，很適合安排短暫的停留，舒心於山野之中，堪稱是座忘憂山谷，只要來賞花過，就難以忘懷這場隨興漫遊的繡球花旅行。✽

周邊景點

陽明山國家公園

地址：臺北市陽明山竹子湖路1-20號　電話：02-28613601

小油坑遊憩區

地址：臺北市北投區竹子湖路69號　電話：02-28617024　營業時間：09:00～16:30／每個月的最後一個星期一（遇國定假日順延一天）及農曆除夕休館

食在好味

馬槽花藝村（陽明山溫泉）

地址：臺北市士林區竹子湖路251巷20號　電話：02-28616351　營業時間：餐廳部11:30～03:00

屋頂上

地址：臺北市士林區凱旋路61巷4弄33號　電話：02-28622255　營業時間：平日17:00～03:00／假日11:00～03:00

陽明山國家公園地圖　小油坑遊憩區地圖　馬槽花藝村（陽明山溫泉）地圖　屋頂上地圖

番茄會社

番茄會社有棵百年鳳凰木，驪歌初唱時捎給學子祝福

磚瓦老屋盤據百年鳳凰木

據聞高雄湖內有棵百年鳳凰木，在這「番茄會社」裡。

番茄會社（大湖甘仔蜜會社），一個充滿日味的名稱，真是簡單好記又好聽。在日治時期，這裡曾是一間臺日合資的番茄罐頭加工廠，隨著時代的變遷，傳統產業日漸沒落，工廠關閉後，只留下過往記憶與昔日的老屋。物換星移，時至今日，這間老屋卻以不同的風貌吸引旅人紛紛到訪，原來這裡植有一棵百年鳳凰木，每年一到驪歌初唱畢業的季節，鳳凰木總是捎著祝福而來，那紅了頭的樹梢是最吸引人的夏季美景。老樹旁還有昔時的磚造建築，目前草木蔓生看起來是廢棄的狀態，棄置的老屋少了屋頂，卻納入了不一樣的美麗風景，碩大的鳳凰木樹根無限延伸盤據在屋舍上，形成一種和諧的景色。

清晨的陽光透過樹影，輕輕灑落在老屋裡、老牆上，一股無法言喻的美好悄悄蔓生著，也讓我佇足欣賞好久好久。據聞鳳凰木

賞花期／5月下旬～6月上旬

番茄會社

地址：高雄市湖內區中山路一段314號

地圖

盛開時，樹梢上只會剩下盛開的紅色花朵，不會有綠葉，可以想像那盛滿紅花的大樹，會不會就像被火燒紅了的大樹一般，撼動旅人的心和眼。

順遊臺南景點

走向老屋的另一方戶外，這角度的鳳凰花盛開的狀況還不錯，已經可以看見火紅一片，名符其實的番茄紅了！不知有沒有旅人和我一樣，覺得鳳凰花的顏色和番茄的紅相似，忍不住就直接聯想到番茄會社的美名，儘管會社早已不復存在，但這裡的美仍依約在盛夏時節綻放。鳳凰花木的美，或許也是番茄會社另一種精神的存在吧！

拍完照，我立定望著四周，氛圍很輕鬆，心情也覺得不可思議，沒想到臺灣也有這般美麗的季節限定景色。這片美景大約可延續到五月底，喜歡這大自然美麗色彩的旅人，記得把握時間！

高雄湖內「番茄會社」距離臺南仁德的「奇美博物館」和「十鼓文化園區」相當近，有機會在畢業的季節路過附近，不妨安排順遊，過來欣賞這片南臺灣夏季裡的限定美景。✽

周邊景點

奇美博物館、十鼓仁糖文創園區

（詳細資訊請見83頁）

食在好味

湖東牛肉館

地址：高雄市湖內區中山路一段107號

電話：07-6930466　營業時間：07:00～14:00／17:00～22:00

湖東牛肉館地圖

阿裕牛肉涮涮鍋

地址：臺南市仁德區中正路一段525號

電話：06-2668816　營業時間：08:00～14:00／17:00～00:00

阿裕牛肉涮涮鍋地圖

微笑虎山藝文咖啡館

地址：臺南市仁德區成功里虎山一街50號　電話：06-2664743　營業時間：09:00～17:00／週一公休

微笑虎山藝文咖啡館地圖

交通指南

開車　國道1號→路竹交流道下→環球路往路竹方向開→中山路右轉後直行即可到達（湖內警察局附近）。

大眾運輸工具　火車：搭乘臺鐵於大湖車站下車，下車後步行前往。

受興宮

白荷花清新脫俗，展現高雅的東方美

賞花期／5 月下旬～6 月中旬

受興宮

地址：南投縣南投市大庄路126之1號 電話：049-2238574

地圖

牛食水傳說

我小時候經常來玩的廟宇「受興宮」，最近特別經過來看一下，感覺廟埕變得好迷你。原來，它一直停留在我小時候，能讓一大群孩子玩耍跑跳的回憶裡它好大，現在老廟雖然依然屹立在那裡未曾改變，但是我們都長大了！

這裡鄰近南投市南基醫院與嘉和國小，也被稱作「牛食水庄」，牛食水已經是早年的舊地名了，而受興宮也是當地香火鼎盛的信仰之地。土地公供奉在入口的位置上，而廟裡主要供奉上帝爺、文昌君、太歲爺和廟埕的五營將軍，平常時間都會有廟公和一些在地的老人家坐在這裡聊天，在我小的時候，因為就住在附近，經常會騎著腳踏車到這裡玩耍，和一大群孩子常把廟埕的氣氛弄得很熱鬧。

牛食水這名稱在多年以後終於受到在地人的重視而有了小改變，建立了廟宇旁的這座水牛像，還寫下了牛食水庄的傳奇由來；我們從很小的時候就常聽阿

嬤說著牛食水的故事：這裡的地理位置恰巧位於松柏嶺和八卦山通往熱鬧市集（南投市區）的必經要道，民國初年，當時的交通工具還只能以牛車代步，每當路經牛食水庄便會停下來休息半刻，只因牛食水庄擁有一處天然湧泉，農人們休息，而牛隻也可以飲泉解渴，久了這裡自然被叫作「牛食水」，和草屯的舊名「草鞋墩」有類似的地名涵義，相當有意思！

一日順遊微熱山丘

這天趁著拜訪老友結束後的時光，轉到小時候常會在放學時和同學結伴一起去玩耍的廟宇走走，長大之後，兒時的玩伴與我大都在外地求學工作，我們已經鮮少再回到這裡玩耍，真的好久不見了。在這段回味童年玩樂的時光裡，也有意料之外的發現，廟前的一處池塘竟悄悄地植滿了一大池的雪白色荷花，那是童年的印象裡不曾留下的回憶，詢問廟方之後，發現原來白色荷花是近幾年才種下的，白荷花在蓮池中雪白盛開的模樣真是驚豔了我的眼。

從廟埕上就能一眼清楚地望見這一片白荷花池，被「白荷花」吸引，我走近到荷花池旁，靠近欣賞更是動人萬分。偌大的白荷花池裡，還有一些粉色荷花來插花，在這樣一片雪白荷花中，多了粉色荷花更凸顯了白荷的嬌嫩與美麗。粉嫩荷苞正甜美綻放著，先好好欣賞一朵最獨特也最吸睛的豔麗花兒，連小蜜蜂也為它圍繞；看了一會兒，慢慢將視線開始抽離，比起雪白荷花，或許粉紅色的荷花會更討喜與惹人憐愛，但雪白荷花實在太少見，不禁讓人感到新奇。

一大池雪白色的荷花，朵朵花苞隨著風擺動，散發著優雅的花香，瀰漫著清新宜人的氣味；鄉間綠與白的風景互相襯托，交織出一幅今夏最動人又迷人的荷花池畔美景，我喜歡這純淨的白色調性，讓高雅與浪漫並存，感覺到一種放鬆又寧靜的氛圍。

改變原本的豔麗色調，淡彩的效果塑造出宛如拉回時光裡的回憶畫面，帶著淡淡的惆悵氣息，卻是一段刻骨銘心的青春。如果說它單調，其實一點也不，反而更凸顯東方氣質的美感，一邊回味童年，一邊細細品味此刻。

雪白荷花即將盛放，如果你也喜歡這樣不同氣質的白色荷花，每年開花之際不妨結合南投附近的微熱山丘、微笑天梯安排來個一日順遊吧！

交通指南

開車　國道1號→過王田交流道後到彰化系統交流道接國道3號→下南投交流道後往中興新村方向→右轉臺14乙線→0.8K接祖祠路→3.1K接臺3線（南崗二路）左轉往南→4.9K右轉150縣道（大庄路）即可抵達。

大眾運輸工具　客運：搭乘高鐵於彰化站下車，轉乘彰化客運經田仔往南投方向的班車，於「牛食水站」下車即可抵達。

周邊景點

臺灣麻糬主題館

地址：南投縣南投市自強三路3號
電話：049-2261123
營業時間：09:00～17:00

臺灣麻糬主題館
地圖

茶二指故事館

地址：南投縣名間鄉埔中巷32-1號
電話：049-2583126
營業時間：平日09:30～18:00／假日09:30～18:30

茶二指故事館
地圖

食在好味

冰三十二

地址：南投縣南投市中山街34號　電話：049-2248267
營業時間：12:30～22:00

冰三十二
地圖

梵居酒屋

地址：南投縣南投市芳美路216號　電話：049-2220672
營業時間：17:00～00:00／週四公休

梵居酒屋
地圖

白河荷花

撐起巨大的綠荷傘，躲在荷叢當龍貓真有趣

賞花期／**5月下旬～6月中旬**

白河荷花

賞荷位置：臺南市白河區富民路769號（鄰近中油加油站）

地圖

一畝畝荷花田取代金色稻浪

近期常常一個人到臺南旅行，因為熱愛和懷念那裡的美食與美景，這個假日，再次隨興而旅地出發了。

這是個豔陽的大好天，正值六月稻禾開始準備垂穗，不過臺南白河這個蓮花之鄉卻鮮少看見金黃稻米的景色，這裡的道路兩旁

反而是一畝畝隨著徐風起伏的荷葉綠浪正搖動擺舞著，很令人心喜的夏日綠色浪潮；陽光直狠狠地灑落在嬌豔的花衣上，花的芬芳正濃烈地散發著，新荷初出世面，有的繾綣含蓄，有的舒展搖曳，各擁風情，因此吸引許多觀光客路過並駐足停留欣賞美麗的蓮田風光。

這次隨興來賞花的時間點其實有些尷尬，不是清晨也不是午後，而是接近十二點的正午時分；天氣很熱，大部分的花苞都是微開閉闔，但我卻很喜歡這樣的荷花姿態，不會過度的華麗綻豔，也沒有喪氣頹樣，反倒顯現一股害羞的青春氣息，讓我覺得它更有意思。

白河荷花彷彿藝妓妝容

仔細賞花後，心中多少會比較一下中興荷花與白河荷花的各異其趣。白河荷花的花色稍白，花瓣略微碩圓，花緣處輕挑著一抹豔紅，令人腦中突然閃過日本藝妓妝容上的唇彩，白色濃妝再點上一小口的華麗豔紅，很有氣質超凡脫俗的味道，我好喜歡。

白河蓮花栽種非完全觀賞用途，而是準備收成的！當立春過後，蓮農會開始一年辛苦的耕種，從育苗、下田整地、施肥、除病蟲害、灌溉，到正式播種，在栽種過程中必須時常拔草、追肥，這樣的日子需要持續耕作一年，才能收成甜美果實，主要收

交通指南

開車　路線一：國道1號南下→水上交流道下→循臺1線茄苳路口（顯濟宮牌樓）左轉往蓮潭。　路線二：國道1號南下→接國道3號（南二高）於白河交流道下→轉172縣道（中正路）往西至白河。　路線三：國道1號或國道3號（南二高）南下→接臺82線東西快速道路→轉165縣道（中山路）進入白河。　路線四：國道1號北上→新營交流道下→接臺1線省道→往北接172縣道（中正路）進入白河。　路線五：國道3號北上→白河交流道下→接172縣道（中正路）往西至白河。

大眾運輸工具　客運：搭乘臺鐵到新營站前，轉搭火車站對面的新營客運前往白河路線，約20分一班車，車程約20分。

周邊景點

關子嶺風景區
Google導航設定：關子嶺風景區　營業時間：全天開放

水火同源
地址：臺南市白河區關仔嶺風景區
電話：06-6840337
營業時間：全天開放

火山碧雲寺
地址：臺南市白河區仙草里火山路1號
電話：06-6852811
營業時間：全天開放

食在好味

岩頂自然休閒坊
地址：臺南市白河區關子嶺65-28號　電話：06-6823339　營業時間：10:00～22:00／週三公休

山景土雞城
地址：臺南市白河區仙草里62-20號　電話：06-6832118　營業時間：10:00～22:00

關子嶺風景區地圖　水火同源地圖　火山碧雲寺地圖　岩頂自然休閒坊地圖　山景土雞城地圖

成物有蓮藕與蓮子。

一畝畝的荷花在田邊留出田埂，也是為了方便蓮花耕作，而這裡的荷花都長得非常壯碩高大，站在田埂邊的自己，相形之下迷你不少。我好喜歡這天蹲在田埂邊靜靜拍照的感覺，空氣中有太陽照耀熱泥土散發的味道，還有一把把撐大的綠荷傘讓人變成龍貓，原來躲在層層的荷葉叢下當龍貓會這麼開心。✿

大賞園

粉色紫蝶聚集，織成繡球花毯

不只海芋，也有繡球花

竹子湖海芋的尾聲，輪到繡球花接力上場。陽明山繡球花花區分散於竹子湖的東湖、下湖和頂湖三個地區，賞花期一般從每年五月開始，六月中旬結束。

特別挑了假日早晨和家人出發到陽明山頂湖地區一賞浪漫紫陽

賞花期／6 月上旬～ 6 月下旬

大賞園

地址：臺北市北投區竹子湖環山道路上（頂湖地區） 電話：02-28610059、0952-118498、0914-060199 開放時間：07:00～18:00 入園費用：100元

地圖

花海，暫時脫離市區裡悶熱的炎夏高溫，來到陽明山上感受到一股舒服涼爽的快意。

大賞園花卉農場位處頂湖地區較僻遠處，道路較為狹小，不過沿路指標清楚，還滿容易找尋的。建議可以騎車上山，如欲搭乘大眾運輸交通，請見交通資訊。此農場在海芋季時也是賞海芋的賞花景點之一。

竹子湖繡球花季開始後，這裡可以欣賞到一座偌大的繽紛紫色繡球花園，除了提供賞花，也販賣繡球花，但是無法採花。我很喜歡這裡的環境，它是採乾地種植，不會有惱人的泥濘，可以輕鬆自在賞花，乾乾淨淨地離開。

遙望小油坑之美

在一片清新的油綠田野風景上，遙望著遠方的小油坑，真是難得的假日親子時光，可以覓得一份意的悠閒。把握陽明山上的花開時刻，一席紫色花海正襲捲著浪漫而來；繡球花看起來好像一隻隻粉色紫蝶聚集而成，美麗得不太真實。

而我特別喜歡一片紫球花毯與前方木屋、遠山交疊出的山中美景，著實令人感到忘憂與旅行的快活自在，能遠離城市裡的煩雜。從山底下的這頭，遠眺著山谷的那一端——小油坑，冒著冉冉白煙的綠毛毯，像似一幅山景美圖，讓我立定仰望了好久好久，真的好美。偶爾假日時分來到陽明山走走，絕對是件最享受快意的樂事，卸去了壓力，整頓思緒再出發。

順著農場裡堆排出的小路，漫步在繡球花園中遊樂賞玩著，有高有低，一下像是沒入了花海中，一下又可高處俯瞰花海，可見大賞園的賞花情境設計得十分有巧思。趁著清晨剛剛開放賞花之際，遊客還不多的時候，我和家人很開心地獨享了這份賞花的親暱時光，除了品花香，也有鳥語相伴，另有一番賞花的浪漫情味，真是愜意又開心。✽

交通指南

開車　國道1號→臺北交流道下→重慶北路四段→中正路→仰德大道→陽金公路經竹子湖派出所即可抵達。

大眾運輸工具　公車：至石牌捷運站搭「小8」公車直達竹子湖（2段票）下靶場，再步行900公尺即可到達。或到北投捷運站搭「小9」直達竹子湖（2段票）下靶場，再步行900公尺即可到達。

周邊景點

陽明山冷水坑
地址：臺北市士林區菁山路101巷170號　電話：02-28610036
營業時間：全天開放

夢幻湖
導航設定：夢幻湖生態保護區　營業時間：全天開放

擎天崗
地址：臺北市士林區菁山路101巷246號　電話：02-28613601　Google導航設定：擎天崗大草原
營業時間：09:00～16:30／每個月的最後一個週一（遇國定假日順延一天）及農曆除夕休館

食在好味

故鄉餐廳
地址：臺北市北投區陽明山竹子湖海芋大道
電話：02-28615736
營業時間：09:30～21:00

青菜園
地址：臺北市北投區竹子湖路55之11號　電話：02-28619165　營業時間：11:00～20:00／週三公休

草山夜未眠
地址：臺北市士林區東山路25巷81弄99號
電話：02-28623751　營業時間：週一至週四16:00～03:00／週五16:00～05:00／週六12:00～05:00／週日12:00～03:00

陽明山冷水坑地圖　夢幻湖地圖　擎天崗地圖　故鄉餐廳地圖　青菜園地圖　草山夜未眠地圖

臺中市民生路

阿勃勒溫暖的黃金花瓣，灑落一地的金色夏天

五百尺黃金雨隧道

我喜歡馬路旁就能有座小公園，在車來車往的道路上，這裡自成一處靜謐之地；無論吃飽飯後想散散步，還是心情煩悶時需要透透氣，這樣的小公園就是很質樸的自然生活環境，也在城市中伴演著放鬆心情的重要角色。

五權路與梅川東路一段左右兩行的單行道上，中間就隔著一座公園；這裡距離文化中心也只有百步之隔，就連國美館也是走路散步就到。公園在六月中旬前後，高大的阿勃勒樹群會蔽起茂密的樹蔭，出現限定隱藏版的浪漫黃金公園，裡頭是約長五百公尺的黃金雨隧道，黃金花瓣在兩行行道樹下灑了一地的浪漫，真是個既溫暖又浪漫的金色夏天。

公園裡的金色夏天

這裡都是樹齡頗高的高大阿勃勒樹，自成一處幽靜的小天地，午前的陽光輕灑著，穿過樹葉折射到地上，形成一幅美麗又撼人心弦的黃金隧道景致。在一個人的旅行中，常常期待著旅行風景

賞花期／**6月中旬～6月下旬**

臺中市民生路

賞花位置：臺中市西區民生路205號（五權路與梅川東路路口）

地圖

(・交通指南・)

開車　路線一：國道1號→臺中交流道下→往臺中方向直行臺灣大道→右轉民權路或五權路即可到達。

路線二：國道1號→南屯交流道下→往臺中方向直行五權西路→接五權路即可到達。

大眾運輸工具　公車：搭臺鐵到臺中火車站，轉搭臺中客運11路公車到「五權民生路口站」下車 。

所帶來的驚喜與感動，我想這就是心中所期待的旅行魅力吧！

繁忙的左右單行道上，築起了一道金黃色浪漫，抬起頭看不見藍藍的天空，而是一大片黃幕；如果喜歡這樣的旅行浪漫氛圍，每年六月中旬不妨來這兒走走散步，一座小公園裡也會帶給人滿滿旅行的悸動呢！✲

周邊景點

國立臺灣美術館

地址：臺中市西區五權西路一段2號

電話：04-23723552

營業時間：平日09:00～17:00／假日09:00～18:00／週一公休

勤美誠品綠園道

地址：臺中市西區公益路68號

電話：04-23281000　營業時間：平日11:00～22:00／假日10:30～22:00／戶外全天開放

國立臺灣美術館地圖　勤美誠品綠園道地圖

食在好味

FUN TOWER日式（軟）可麗餅專賣店

地址：臺中市西區五權路6號

電話：04-22230220　營業時間：14:00～21:00／週二公休

包心菜實驗廚房

地址：臺中市西區公益路68號15樓

電話：04-23101006　營業時間：11:00～21:30

FUN TOWER可麗餅專賣店地圖　包心菜實驗廚房地圖

中興大學

六月限定的燦黃大道，歡送畢業學子鵬程萬里

賞花期／6月中旬～6月下旬

中興大學

賞花位置：臺中市南區興大路綠園道（興大路和國光路路口）

地圖

六月限定的阿勃勒廊道

每年到了畢業季，中興大學的「興大路」，總能看見兩行行道路樹構成的綠色彩帶，慢慢被催熟成金黃色彩的特別景觀，就好似黃金隧道一般。走吧！一起造訪浪漫的六月黃金花季！

在臺中中興大學學區的興大路綠廊行道路上，有著延伸近半公里長的迷人黃金隧道，那是俐落的兩行阿勃勒行道樹串聯而成。周圍環境渲染著學區的一種悠然寧靜，還有意境幽美的行人步道及自行車道，讓人可以漫步或騎乘在光影之間，遊賞著強烈對比色的黃金雨隧道，也能在浪漫氣息中來場最甜蜜的約會。

長長的綠蔭林道由綠彩帶轉變成黃彩帶的興大路路段，距離中興大學校園僅有百尺之遠，即國光路與興大路交接口，非常容易到達。我在藍天白雲的午後初次到訪興大路，雖然平時常經過，卻從沒留意過，原來綠廊中還藏有這麼一條散步自行車道。

這是一條以國光路為起點、東

峰公園為終點的小型人行及自行車道，車道兩旁串起的綠蔭瀰漫大自然的氣息，也能享受到城市中悠活的快感。這條路也是六月才有的燦黃廊道，彷彿以一段金黃色的光輝歲月，送往著畢業季的辛勤學子們都能鵬程萬里，也更上一層樓。所幸我平日都有把小折放在後車廂的習慣，取出方便代步的小折，踏上長達半公里之長的黃金隧道，準備正式開「騎」！

涼椅區鋪滿金黃花瓣

學校周圍是與大學生們外宿的主要區域，而這條綠廊是學生們上下課的重要交通要道，如果旅人們來到這兒走訪黃金雨隧道，

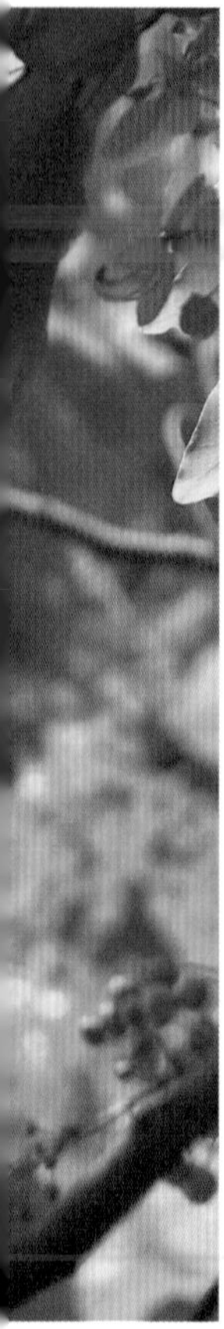

請務必注意在車道的空間上行進的安全，遵守及禮讓人車，千萬不要為了貪圖拍攝照片，阻擋了行人及車道的暢通！

陽光穿過樹蔭，灑下了微微的光影，所以在這兒騎自行車或散步，不必困擾太陽太曬的窘況，可以舒服地伴著微風，慢步其中。午後，我與友人獨留在黃金隧道，隨著一陣微風拂過，黃金花片片在我倆身邊飛舞著，一股浪漫來襲，教人在閃耀的光影中，恣意奔放且暢快地享受著當下的美好，也令人不自覺地愛上這裡輕鬆的小時光。

越過臺中路後，對面即是東峰公園，這裡也是自行車道的

交通指南

開車 路線一：國道1號南下→中港交流道下→接臺中港路→右轉英才路→接林森路→接國光路→右轉興大路。 路線二：國道1號北上→南屯交流道下→接五權西路→右轉五權南路→左轉復興路或左轉建成路→右轉學府路→國立中興大學。

大眾運輸工具 客運：搭乘客運或火車到臺中火車站，轉搭臺中客運33、35號到「中興大學」下車。

周邊景點

國立公共資訊圖書館地圖

國立公共資訊圖書館

地址：臺中市南區五權南路100號
電話：04-22625100 營業時間：週二至週六09:00～21:00／週日09:00～17:00／週一公休

臺中文化創意產業園區地圖

臺中文化創意產業園區

地址：臺中市南區復興路三段362號 電話：04-22293079
營業時間：10:00～17:00

臺中刑務所演武場地圖

臺中刑務所演武場

地址：臺中市西區林森路33號
電話：04-23759366
營業時間：週一09:00～17:00／週二至週日09:00～22:00

食在好味

合作街大麵羹地圖

合作街大麵羹

地址：臺中市南區合作街103號
營業時間：12:00～18:00／週日公休

忠孝路夜市地圖

忠孝路夜市

地址：臺中市南區忠孝路
營業時間：16:00～02:00

最末端，有一處供人休憩遊賞黃金雨的涼椅區，椅下散著滿滿黃金花瓣，坐在這兒賞景覺得格外浪漫，而車道盡頭還有一棵名副其實的黃金樹，趕快把握花開之際，來找它合拍留念吧！

六十石山

雲層間透出的幻化光束，聚焦打亮金針花田

賞花期／8月上旬～9月中旬

六十石山

Google導航設定：六十石山

地圖

從雲霧間探頭的世外桃源

初遇見，花東夏季限定的專屬風景——「六十石山金針花海之美」，柳橙色花海映照著大地，更加溫暖和諧；橙綠色的顏料，每天都能揮灑出一幅幅繽紛多變的畫作，切換著大地給訪客旅人們的奇幻心情。又是一場亟需緩慢步伐的輕旅行，這一刻，跟著

我刻意緩慢、刻意仰望，循著日光的腳步找尋月光的影子。

來六十石山絕對不可錯過忘憂亭，從亭子上放眼望去，滿是一片片橙綠交雜的繽紛金針花毯層層交疊著，正大肆散漫著濃烈而微妙的氣息，這種遠離塵囂的輕鬆愜意，讓人想緩慢下來，甚至停下腳步駐足流連，感受這份撼人心弦的美好感動。

繼續踩著或走或停的腳步，依循花田間的迷你小徑賞花玩樂，愈往前行，探看大地的視野愈是開闊。此刻決定就留在這兒駐足發呆一會兒，找了一處乾淨的紅土小坡，靜靜享受被溫暖氣味親暱的恬柔氣氛。啊！浪漫的旋律

輕輕悠揚著，好似帶著奇幻魔力般，不知不覺深戀於此了。

六十石山上最令人期待的自然美景，還有那從雲層間散透出來的幻化光束；一道道光束微強微弱，彷彿一盞盞聚光燈，與遠山山巒的層次攏絡鋪排著優美光氛，聚焦打亮原野上的繽紛花田，隨意看看，到處都有最精采的亮點，大自然的寓意不必費心去猜，儘管盡情陶醉在這片刻美好之中就好。

夜晚的六十石山也很美

夏季海島型氣候經常受到太平洋高壓的影響，讓高山上的天空更多變化，雲層驟聚漸近，遠方

山巒間早已下起轟然大雨，而我們站在山頂上，山風讓人感受到空氣裡雨的味道，有種山雨欲來的強烈感受，但就是不見有人離

交通指南

開車　路線一：國道1號→至汐止系統交流道轉走國道5號→過雪山隧道由蘇澳交流道下→往臺9線方向行駛→經富里鄉竹田→循六十石山的指標即可到達。路線二：國道3號→至南港系統交流道轉走國道5號→過雪山隧道由蘇澳交流道下→往臺9線方向行駛→經富里鄉竹田→循六十石山的指標即可到達。

大眾運輸工具　火車：搭乘臺鐵至花蓮火車站，轉搭往光復的花蓮客運班車到光復，再轉光復到富里的班車，在「富里站」下車，再轉搭計程車即可到達。　客運：於臺東市搭乘往富里的鼎東客運山線班車，在「富里站」下車，再轉搭計程車即可到達。

花蓮客運　鼎東客運

開。霎時間，白霧四起遮蔽了遠方的視線，真是迷幻的六十石山；霧氣流動的速度十分迅速，沒一會兒後就被隨後抵達的陽光又照得四方盡散，想來這就是六十石上所特有的神秘景觀吧！唯有親臨感受，才會有五感及心的感動。

白天的六十石山金針花海，美得太不真實，隨處一景都像是最唯美的風情畫作，忍不住想像夜晚的一情一景，決心停留花東過一夜，如此童話美好的夜晚怎能白白浪費掉呢？夜晚裡的點點星光，不僅照亮了旅程的道路，更點燃了五名旅人的熱血靈魂。

到了六十石山上，夜晚更深露重，抬頭仰望之際，發現星空的美好，還從容地抓住了四顆流星，真是心醉浪漫的一夜。山頂視野寬闊沒有任何光害下，更清楚地看見天上完整絢爛的星空銀河，滿天星光熠熠閃耀，閃著光亮，也閃著一份賞花記趣的幸福。

繁星點點占滿了眼，望著流星從容地從天際間落下，夏天的六十石山夜曝星空，完全不冷，反而乘著涼涼的晚風，忘卻了白天的酷曬，另有一番迷人愜意的風情，我想我已戀上這裡的夜晚了！

周邊景點

伯朗大道

Google導航設定：伯朗大道

營業時間：全天開放

大坡池風景特定區

Google導航設定：大坡池風景特定區　電話：08-9862041

營業時間：全天開放

伯朗大道地圖　大坡池風景特定區地圖

食在好味

鐵掌櫃茶舍民宿

地址：花蓮縣富里鄉竹田村25鄰雲閩26號　電話：03-8821670 / 0928-572808

彭大媽客家食堂

地址：花蓮縣富里鄉竹田村25鄰雲閩36號　電話：0921-945906

鐵掌櫃茶舍民宿地圖　彭大媽客家食堂地圖

赤柯山

誤入印象派田園畫作，驚見金黃怒放的絕美

賞花期 / 8 月上旬～ 9 月中旬

赤柯山

Google 導航設定：赤柯山

地圖

千噸石龜旁盛開金針花海

一張熱情網友傳來的千噸石龜旁滿布了金黃盛開的金針花海照，讓我燃起踏上東部旅行的渴望與衝動，為了付諸行動力，就在隔天一早，便帶著幾天的旅行衣物與日常用品，獨自開著車就往東部出發。

一路向南再橫切南迴公路，從東部起始點的臺東經過太麻里金針山、花東縱谷的六十石山，最後通往花蓮赤柯山，無論是選擇花東縱谷的山線，或是徜徉在一片蔚藍之中的海線，都會有很棒的驚喜景觀藏在裡頭，所以才會超出原本設定的六小時車程時間，讓我整整開了七個多小時才抵達赤柯山。

有著一百二十甲土地面積的花蓮赤柯山，因早期山上盛產赤科樹而得此名，這裡金針農作及賞金針花海的面積，遠比六十甲的六十石山整整多了一倍。赤柯山的景致偏向天然景觀居多，有神祕巨石、叢林感十足的赤柯樹和白樺樹，以及大片綠意竹林，初訪赤柯山金針花海，便愛上了這裡；一片金黃怒放的絕美景致，加上出遊的好天氣，宛如一腳踩進了浪漫風情的田野畫作般，讓人流連忘返。

車子環繞著羊腸小路爬上了花東縱谷的山線，所幸上山的路途不會太遙遠，沿途還可飽覽群山巒峰。我到達赤柯山的時間為下午兩點，待到日落後七點才捨得離開，我建議想在赤柯山深度旅行的朋友，山中午後常會漫起山嵐雲霧，早上九點至午後三點是最棒的賞遊拍攝時間，追求藍天的朋友可自行斟酌上山的時間。

這次除了走完赤柯山有名三景：千噸大石龜、汪家古厝、三顆大石，還發現不少大片醉人的花毯美景。旅程途中依據地圖上的指示說明，在通往小瑞士花海的分叉點上，出現一張張毛綠草毯及黃橙花毯相間；原來，在地單位有在控管金針花觀賞區及收成區的位置，所以遊客來到這裡，看見的不會是整座山頭的橙黃，而是黃綠相間的景色，當然在極具特色的著名據點，例如赤柯三景，周圍的金針花田就會作為觀賞花區而被保留。

赤柯山的金針農作占全臺最大數量，當地農民又以此金針賴以為生，所以常見通往赤柯山的環山道路周邊，會有居民就在自家外頭曬金針，構成一幅美好的農村景致畫作。

一座在陽光藍天底下更顯奪目亮眼的白色農宅建築——「天心茶園」，是通往千噸大石龜必經的道路，茶園的主人非常熱情好客，總會跟過往的旅人聊上幾句。頂著烈日豔陽，我一步步走在宛如浪花花毯的花田邊，卻一點都不覺得辛苦，尤其當千噸石龜突然出現眼前，被一片百萬金針齊花怒放包圍的畫面很是震懾人心，而這裡也是赤柯山上最吸睛、最吸引遊客流連忘返的經典賞花區之一。

在赤柯山上最有名的特色就是天然的巨石景觀，其中大石龜靜靜臥在山坡邊，散發著詩畫之情，獨白著它與赤柯山的動人故事。或許是烈日當空，一團攝

影人耐不住熱，拍一會兒就離開了，也換得我與這塊美麗大地初邂逅的寧靜。就在燦爛花叢間開出一條彎彎小路，吸引了腳步緩緩趨前踏入，我的小身影也沒入了橙色花海中，獨自享受按著快門的雀躍心跳，這也算是回饋我開了七小時遠道而來的小確幸吧！

騎車遊走是賞遊的極佳方式

走離大石龜，返回到大石茶園那條路的分叉點上，我把車子停靠在一處寬敞的休憩涼亭旁，決定從這裡取出小折用騎車散步的方式，循著夏末盈綠的腳步，開始遊走在這片覆上濃豔橙紅的秋色小瑞士之中，這是夏末初秋的限定美景。

一排成列的杉木，前有滿坑滿谷的金針花海當前景，後頂著一片蔚藍白雲作襯底，目光望著眼前的絕美景致，我想，如果說這裡是臺灣最美的地方，也一點不為過吧！靜謐花海中夾雜著旅人的嬉笑，金針花在微風中搖曳著，宛如金色浪毯，無論從哪個角度欣賞赤柯山小瑞士，著實皆令人深深著迷、沉醉。

小瑞士的山腰間有著一宅農舍，這裡的居民除了熱情外，還無私無償地供給來遊玩的旅人們方便停車的空間及如廁場所，而他們也在自宅前擺了金針花乾、退火青草茶做小攤生意，不強迫買賣，臉上掛滿笑意，只想旅人們都能玩得盡興愉快。我買了杯黑糖青草茶消消暑，也感謝主人的無私與熱情分享。

繼續騎上小折，跟我一起慢旅在赤柯大道的燦爛金針花海之間忘情地奔騎吧！「赤柯大道」其實是個不太明確的景點，或者說是地標？在詢問過當地人後，它指的是赤柯山裡的一段道路，沒特別限定的區域，所以騎著腳踏車的這段路程，姑且就當它是簡介圖上的那條赤柯大道。擁有廣大金針花毯面積的赤柯山，分散了旅人們的腳步，我好喜歡這樣佇足或穿過一片美景，享受著那份靜謐，每一處都有它形容不完的美好。

汪家古厝的人情溫暖美好

在赤柯山上，每造訪一處民居，我總想誇讚一下這裡的人們。汪家古厝是這裡最早從西部嘉義過來的首批移居居民，東部人的熱情純真與西部人的樸實性格在汪家人身上全展現了；「嘿！你就直接停這裡吧！」汪老先生就這麼熱情地呼喊著要我把車停在他家門的出入口，讓我再次感受到這塊土地上人們無私的美好，當然我們還是得有禮地再三確認真的沒關係才敢停車。

「汪家古厝」是赤柯三景之一，以閩南式木造及磚造相間建成，已有五、六十年的悠久歷史，這裡看得見閩南式住家前有的大宅院，在宅埕上鋪曬著一片等著曬紅的金針農作，就連屋頂上的空間也利用得宜，除了多了曬物的場地外，也能褪除一些夏天惱人的熱氣，所以這裡成為必拍的經典景點之一，來訪赤柯山的旅人千萬別錯過這裡。

可能是觀賞花區的金針還沒綻開的關係，到汪家古厝觀景臺的遊客很少，可以說是只有我一個人。我從古厝旁的小路，一路沿小陡坡向上行走，先是看見一大叢的白樺樹，再看見正在採收金針的五、六位農民，我不確定是否能走到觀景平臺時，詢問了一位微笑問我從哪裡來的農人，那抹微笑依然清晰地在我的旅行回憶之中，很是溫暖。

站上了景觀臺，看見了從雲層中透出的一道道斜射光芒，儘管眼前的大地準備夕陽西下，但映照在這片土地上的金色餘暉也閃得讓人大大心喜，覺得此刻的心情格外放鬆美好。

這段在赤柯山的旅程中印象最深的就是在汪家古厝，那天準備離開前，我問了問坐在櫃臺的老闆地圖上的方位，及我想去的「三顆大石」。老闆示意，再往裡頭走，還有許多美景是簡介圖

上沒有標示的，「但記得天黑就不要再前往走了！山路很暗，如果會怕不敢下山的話就來住我家（汪家民宿）吧！」當時，真的有衝動想留在赤科山住一晚，不過，抬頭望了望天空的厚厚雲層後，還是冷靜地決定回到玉里鎮上過夜吧！市區想找吃的還是方便容易多了。

順著自己旅行的節奏，還沒天黑，還看得見路，都不算晚。繼續來找三顆大石，三顆大石周邊的金針皆為農作區，所以看不見滿覆金黃的浪花，且花田主人在花田邊立了塊告示：「農作採收禁止進入」。雖然無法近身觀賞三顆巨石，不過巨石清晰可見，遠遠觀看也是一幅漂亮景致。

不怕太陽下山要摸黑的我，為了想看見更多花田美景，驅著車又繼續往山裡頭繞去，在山裡看見的是一片又一片峰迴路轉、綿延不絕、沒有盡頭的金針花海，尤其在伴著霞光的羊腸小路上，更是別有一番浪漫之情，只是開到最後，真的眼看路變得愈來愈小，只能放棄，改走回程。

回程路上，最後遇上的一段美麗花田是在萱草園，這裡也是赤柯山上必拍的金針花海景點之一；宛如波浪一般的黃金花浪是印象中萱草園的絕美景色，來玩的旅人，別忘了要多留些時間給這裡！

半天旅程下來，看見既嬌貴

又濃妝豔抹的滿開金針花海，不難理解為何凡到訪過赤柯美景而深受感動的旅人都會說：「這裡的美，就像是高更的印象派畫作。」此言一點都不假，這裡的每一處都非常值得旅人們駐足欣賞。和花蓮金針山的特殊景致相比較，六十石山的美是奔放外顯、不矯情造作的美景，而赤柯山的美，是需要深入才得以看見其中的嬌柔媚態。

從踏進赤柯山的那一刻，我已深深戀上了這兒，我真的好喜歡赤柯山！

由於農作時限的關係，想必在旅人到訪的同時，花開的區域又會有些不同驚喜，什麼時候也換你來美麗的赤柯山金針花海中緩慢旅行，用雙眼、雙腳及那顆真摯的心，去感受臺灣所能擁有的一切美好吧！

交通指南

開車　路線一：國道1號→至汐止系統交流道轉走國道5號→過雪山隧道由蘇澳交流道下→往臺9線方向行駛→過太平橋後左轉高寮大橋至高寮→循赤柯山的指標即可到達。　路線二：國道3號→至南港系統交流道轉走國道5號→過雪山隧道由蘇澳交流道下→往臺9線方向行駛→過太平橋後左轉高寮大橋至高寮→循赤柯山的指標即可到達。

大眾運輸工具　火車：搭乘臺鐵至玉里火車站，租機車或搭計程車，從光復路接臺9線（興國路）左轉往北走，到臺9線287K大禹加油站，依指示牌轉彎行駛，過高寮大橋至高寮社區，依指標即可到達。

周邊景點

瑞穗牧場

地址：花蓮縣瑞穗鄉舞鶴村6鄰157號　電話：03-8876611

營業時間：08:00～18:00

瑞穗牧場地圖

紅葉溫泉

Google導航設定：紅葉溫泉

電話：03-8872176

紅葉溫泉地圖

食在好味

汪家古厝

地址：花蓮縣玉里鎮高寮277號

電話：03-8851003

汪家古厝地圖

橋頭臭豆腐

地址：花蓮縣玉里鎮民權街15號

電話：03-8882545

營業時間：16:00～22:30

橋頭臭豆腐地圖

太麻里金針山

金針花鋪天蓋地，譜一段動人的山海戀曲

賞花期 / 8 月中旬～ 9 月中旬

太麻里金針山

Google 導航：太麻里金針山

地圖

太麻里金針山賞玩全攻略

太麻里金針山原名太麻里山，因種植大量金針農作，後來就直接稱作「太麻里金針山」。這裡擁有花蓮六十石山及赤柯山所沒有的山海景色，燦爛盛開的花朵從山頭的這端，連綿至山谷看不見的盡頭裡，視野再往前遠眺，在廣闊的太平洋有最完美的弧

線，海天一色，讓人俯見它一切的美。

每年的八、九月，太麻里金針花季也是臺東熱門旅遊地點之一，所以我就在東部旅遊三天兩夜的最後一個行程中，特別安排來到這裡。帶著與太麻里金針山初次見面的好心情，完全不熟太麻里金針山規模的我，依然隨興地看見喜歡的漂亮景點就停車拍照，不過有些可惜的是山上的天氣十分容易瀰漫山嵐霧氣，所以也常常有一刻沒一刻的好天，另外路況景點都不熟的關係，不曉得原來山頂還有那忘憂亭、曙光亭及雙乳峰，而錯過了太麻里山峰頂，覺得有些可惜。

但還是跟人家分享這次幾處很棒的賞花遊玩路線。

1太麻里金針山入口

一進到臺東太麻里鄉，便有非常明確的「金針山」指標引路，而從這個太麻里金針山入口開始，懷抱著期待的心情，準備一步一步開往山頂的環山道路。環山道路上賞花路線及各處景點的標誌都十分清楚，在路線上賞花的位置大致都與這裡的農場作結合，上山沿途都能看見斗大的花海賞花專區提示，讓人可以隨時停下車來欣賞金針花美景。

2佳崙七十八號觀景平臺

環山道路不僅環繞著山路而行，左右兩側的視野更是不斷地出現無邊際的藍色海洋景色，真教人恨不得找個空曠路旁停車，先衝下車拍個過癮。還好旅人的心聲都被聽見了，在環山道路旁會先看見一戶提供休憩、採買農產品的小鐵皮屋（門牌號「佳崙七十八號」），再往前約五至六公尺就有一處擁有絕佳海景視野的觀景平臺，這裡的視野很棒，可以直接俯瞰遼闊的太麻里鄉、太麻里車站及藍色太平洋，天氣好時還可以看見綠島和蘭嶼。

3昶慶休閒農場

這天的天氣依舊很炎熱炙曬，不過越往山巔上爬，雲霧越發繚繞，終於，我在看見一片映在眼簾的金針花毯後，也耐不住性子地停下車賞花拍照。好喜歡這處沿著山邊遊走的農場，在剛催熟的金針花海區中，亮綠色的階梯扶手更襯托了金針花海的燦爛，一階一階記憶著與太麻里初邂逅的美好。拍累了不妨就到農場主人特別精心打造的休憩觀景臺休息吧！這裡有給旅人停歇腳步、躲藏烈陽的小空間。

4青山農場

愈往山裡走，雲霧愈是加重，這也是許多旅人喜歡到太麻里金針山上來住上一晚的原因之一，無論是清晨或是晚霞，都有令人意想不到的山上美景帶來的驚喜。青山農場在當地算是來客住宿經常客滿的民宿，它的農場占地十分廣大，還種植四季皆能觀賞的樹木花卉，讓選擇來這裡住宿的旅人，不僅可以享受到不受世俗打擾、閒雲伴月的慢生活，在農場後面還有一大片滿開的金針花毯披覆著豔橙的濃色山坡，除了住宿客人外，也吸引許多一日到訪遊玩的旅人前來朝聖取景，可以說是太麻里賞金針花海的熱點之一。

5金針山休閒農場

離開青山農場後，約莫再兩個大彎道後，行進間餘光瞥見一塊賞花區木板，隨興而致的我當然不想錯過這樣的神祕景色，停好了車便準備尋花海而去（斜前方是通往旺旺庭園咖啡民宿的入口）。原來，這是金針山休閒農場後方的一條小捷徑，走在小徑之間，身旁橙色花朵隨風搖曳成

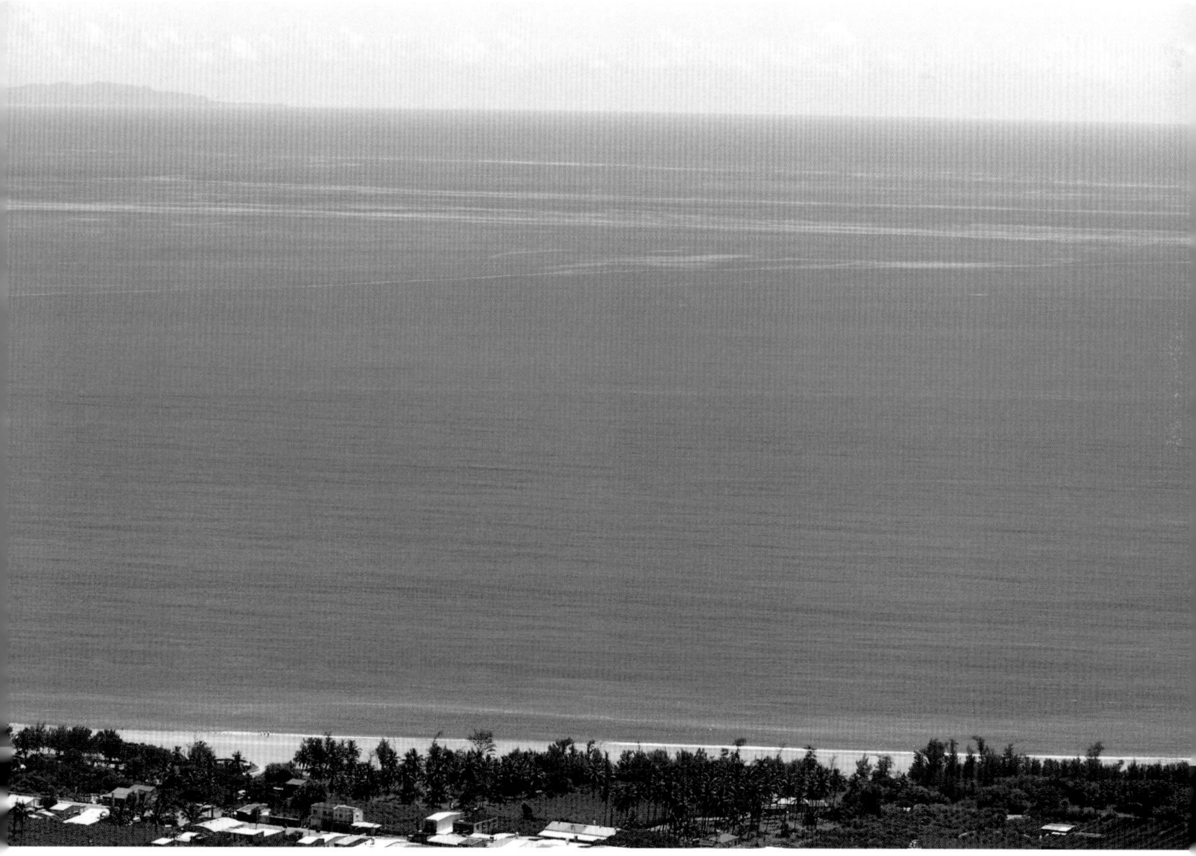

浪，一對祖孫出現在觀景窗裡，讓人毫無遲疑地馬上按下快門，看見花現中的祖孫情，花兒變得更美也更令人動容。

6小長城

小長城的位置有些偏僻，加上一塊指標都沒有，也不知怎麼的，竟然讓我誤打誤撞地走到；它的位置靠近農場邊，建議問附近居民或攤販會比較清楚易尋。小長城一旁的山頭上有座迎曦亭，視野遼闊，好似群山環抱著遠海，這裡還有提供簡單的圓桌石椅，不妨坐下來欣賞這海天一色的湛藍美景，輕鬆記下一個人旅行的回憶，讓自己能想念一輩子的回憶。

7吳忠憲賞花區

我完全是被「吳忠憲」這名稱吸引來的。遠遠地剛過轉彎處，就能聽到農場主人非常熱情的招呼聲，也讓人不禁有了聯想而停住腳步。不過這處位於山腰間的賞花專區，當日現場花況較稀疏，還未達滿開，又看見對向山頭的茂密花毯像似在對人招手般，讓我轉身隨即又踏上旅程。

8九號賞花區

我以飛馳的速度狂奔到對面，果然沒有失望，路邊畫有許多臨停車格，讓人知道又到了一叢花區了，停好車，背著相機就往花田裡去。這邊有整片的金針花正好滿開中，但山坡的角度有些陡峻，不好行走，或許也正因如此才能開得如此完美而不被破壞。在這兒又讓人遇見了不一樣的太麻里金針花田美景，這裡的美讓人帶著幾分的敬畏，也很有自己的特色；陡坡式的花毯，讓人可以完全靜止地欣賞俯望它的美，交織的山路環抱著綠意，很推薦旅人們來這個點上停留，除了賞花外也能看看山、看看海，一起來最具特色的「太麻里金針山」，譜一段浪漫的山海戀曲。

山嵐增添神祕美感

此次的太麻里金針花海行，因山上氣候不佳，我只走到了環山雅築就駕車返回，回到山下後天氣又出奇好，真是氣人。真心覺得太麻里山就像個性情多變的女子，不過更確切的說法，應該是山上的煙嵐雲霧使得天候較不穩定，常常出現一大團嵐霧籠罩在山頭上。或許起霧的時候也是山裡最美的時刻，因為群山簇擁著一大片橙色美景是這裡獨有的，更遑論山裡頭還藏著許多令人驚豔的風景，可能還有不少我忽略掉的美麗景色等待尋訪，有機會還想再來漫遊這片美麗又多情的山峰景色。

交通指南

開車 路線一：國道1號→至汐止系統交流道轉走國道5號→過雪山隧道由蘇澳交流道下→往臺9線方向行駛→到達臺東市後續行即可到達。 路線二：國道3號→至南港系統交流道轉走國道5號→過雪山隧道由蘇澳交流道下→往臺9線方向行駛→到達臺東市後續行即可到達。

周邊景點

多良車站

地址：臺東縣太麻里鄉多良村瀧溪路8-1號 電話：08-9781301 營業時間：全天開放

琵琶湖

地址：臺東縣臺東市華泰路300號 電話：08-9325301 營業時間：全天開放

食在好味

鴻文小吃店

地址：臺東縣太麻里鄉太麻里街259號 電話：08-9781338

黃記蔥油餅

地址：臺東縣臺東市南海路36號 電話：0915-308581 營業時間：14:00～18:00

多良車站地圖　琵琶湖地圖　鴻文小吃店地圖　黃記蔥油餅地圖

頭社活盆地

愛跳舞的金針花海，夏日賞景好去處

金針花舞動頭社活盆地

南投日月潭一直是國人最負盛名且愛好的旅遊景點，它除了湖光山色及山水交融的美景外，又能在清晨旭日初昇、夕陽西下及夜幕低垂之際，遇見它不同的美，而此潭詩畫般的意境更常常教人流連忘返。不過，很多人並不曉得日月潭旁還有個小有名氣的「頭社活盆地」社區！頭社是邵族的舊聚落，為原住民首樹之社，故稱頭社；魚池鄉境內多是盆地，其中頭社盆地是面積第三大的盆地，約一點七平方公里。頭社盆地原為日月潭之日潭，是一處水潭，後因日據時代日潭的潭水以渠道排至附近溪河支流而泥沙淤積，水潭漸漸消退而成了沼澤，其土地的表面為鬆軟的土質，底下仍是水澤，由於無法在這樣的活盆地上建造屋舍，所以農民們便開始耕種農物。

近幾年，頭社活盆地也走出了新的方向而擁有全新的生命力，其利用特殊的水田優勢，成功種植金針花田，因此有了「愛跳舞的金針花海」名號，也為夏日裡的日月潭多了一處賞景好去處，

賞花期／8 月下旬～9 月中旬

頭社活盆地

Google 導航：日月潭金針花園區

地圖

今年更創新地結合絲瓜花田，打造並賦予日月潭活盆地更為獨特的鄉間浪漫情味。

日月潭金針花海主要栽種於頭社社區活盆地，面積約兩公項，這裡除了私人種植的橙黃金針花海外，也種植了不少絲瓜，絲瓜藤架自然成了在地的一種特色，如果夠幸運，造訪花田時瓜田的主人就在現場，還能現場做起買賣，喜歡哪條瓜，就自己親手採下買回家吧！

豔陽晴空，日光將黃色花瓣照耀得更加閃眼金黃，滿覆著活盆地的黃金花海，讓藏匿在鄉間的溫暖情懷又多了一份令人難忘的幸福情味。循著舞動的金針花海

交通指南

開車 路線一：國道3號南下→霧峰系統交流道接國道6號往日月潭方向→到頭社派出所左轉進入21甲環湖公路→21甲19.5K處即可看到活盆地的標誌。 路線二：國道3號北上→竹山交流道下→左轉臺3線往名間方向→過名竹大橋後往右走臺16線往集集水里方向→到水里後右轉往蛇窯方向→過蛇窯後約1-2公里左轉臺21線往日月潭方向→到頭社派出所前右轉臺21甲線環湖公路→21甲19.5K處即可看到活盆地的標誌。

大眾運輸工具 高鐵：搭臺灣高鐵到臺中烏日站，改搭南投客運臺灣好行日月潭線直達日月潭。 客運：搭國光客運到臺中車站，改搭南投客運臺灣好行日月潭線直達日月潭。

指標，花海位置已經距離不遠了，一路走過來，田野間散發著金黃耀眼的晨光，就在這個夏日的早晨，大地因色彩的妝點變得更加繽紛活潑了。

種植於活盆地上的金針花海，因多日連續大雨讓花田裡的土地泥濘，現場提供免費雨鞋，建議到訪的旅人們可以準備一雙乾淨的襪子或乾淨塑膠袋，套腳後再穿雨鞋，這也成了最特別的下田體驗，穿著雨鞋賞花海，真是頭一遭！

絲瓜花與金針花共舞

沿著水社柳綠蔭的影子緩慢前進，望著一大片的黃金花海，就好興奮，更迫不及待想追逐金黃浪潮，感受被一大片忘憂美人團團包圍的浪漫情懷。花田邊放置了幾塊花田賞花的指引牌誌，這些位置就是能讓你走入花田中，體驗活盆地的心跳脈動與金針花海共舞。

花田裡到處蔓延著幸福溫暖的溫度，尤其在陽光映照下，暖風輕輕拂過，金針花就像金色浪花般，緩緩地婆娑搖曳著，真是好美的一幅鄉間浪漫畫作，就為自己喬幾個無人的角度，獨享來自原野的幸福吧！生長在活盆地裡的金針花兒，有了陽光與微風的普照吹拂，舞動得更是有勁。

如果在花田裡賞玩累了，不妨

走回水社柳樹下，這裡擺放著不少觀景座椅，倚坐在樹蔭下，任微風吹拂著，微笑地欣賞著眼前最美麗的金色大地。雖然日月潭金針花田與花蓮金針花海面積無法相較，但這裡色彩繽紛交疊的金針花與絲瓜花這樣的黃金組合花海，可是日月潭限定的喔！

當你靜靜地站在金針花田時，會感受到水田輕輕起伏呼吸，這就是活盆地的魅力，能感受到全世界也跟著你的心起舞搖擺。✽

周邊景點

向山遊客中心

地址：南投縣魚池鄉中山路599號　電話：049-2855668　營業時間：09:00～17:00

頭社活盆地

地址：南投縣魚池鄉平和巷76號　電話：049-2861831　營業時間：全天開放

向山遊客中心官網　向山遊客中心地圖　頭社活盆地地圖

食在好味

阿豐師餐廳

地址：南投縣魚池鄉水社村中山路406巷2號
電話：049-2855005
營業時間：11:00～14:30／17:00～19:30

日月行館下午茶

地址：南投縣魚池鄉中興路139號　電話：049-2855555　營業時間：14:30～17:00

雲品溫泉酒店Fleur de Chine／雲品英式下午茶

地址：南投縣魚池鄉中正路23號
電話：049-2856788　營業時間：14:00～17:00

阿豐師餐廳地圖　日月行館下午茶地圖　雲品溫泉酒店地圖

Part3

秋天

楓紅黃葉忘憂

武陵農場

緋紅落羽松絢麗奪目，驚豔了旅人的眼睛

賞花期／10月下旬～11月下旬

武陵農場

詳細資訊請見20頁

北谷秋天不可思議的紅

秋末，高山上的氣溫已經比平地落差足足有十度之多，早晚溫差極大，南谷銀杏林已承受著低溫為大地換上了一襲黃色衣裳，我們往北谷繼續賞遊，來去發現「秋天裡最不可思議的紅」。

高海拔的武陵農場，隨著四季演繹的變化，秋季景色絲毫不比春天櫻花季來得遜色，大地正開始換了一襲最華麗的大自然舞衣，以繽紛絢爛的緋紅落羽松驚豔旅人們的眼，也撼動著心。車子緩緩駛離南谷一帶，與友人們繼續往北谷方向的露營區前進，我們一路放眼探尋從身旁經過的隨處楓情，有紅有黃夾雜在山巒中、樹林裡，伴著此刻秋高氣爽的好天氣，決定要放慢腳步，享受這段輕鬆的追楓小旅行。

「哇！」才抵達露營區，一大片搶眼的紅，毫無防備地襲眼而來！露營區被落羽松樹包圍得十分徹底，面前的大地正被一棵棵著上紅衣裳的落羽松覆蓋，這景象美得太不真實、太不可思議了。落羽松樹下，傳來露營的旅

人們陣陣嬉笑聲與菜飯香，一大群人正享受著美好楓情與午餐時光！樹梢上那還來不及紅透的松葉也努力追趕著進度，其實半熟階段的松葉也十分優美迷幻。

我們開始邁開優閒愜意的慢遊腳步，探尋農場裡的每一處限定秋味。走離木屋群，遠遠就看見一排為數不少的落羽松，種植在對面的寬闊綠草地上；成排的落羽松有緋紅的也有青綠的，宛如走進了北國楓葉之鄉——加拿大的國度之中，一股跨國界的驚喜氛圍油然而生，也因為這一席繽紛色彩，讓大地充滿了溫暖的層次，令人想一直沉浸在這股錯覺裡，離不開這裡。

一排落羽松樹就讓我駐足了好久，只因這裡有著濃厚的秋天氣味。我一邊享受著置身夢幻緋紅國度裡不被打擾的獨處時光，一邊開心按著快門，記錄下最美好的旅行時刻，或許就是這樣的浪漫氣息，讓人連走離半步都捨不得。觀察落羽松還有個小步道，可以串連幽靜的小徑，賞遊北谷的迷人景致，在秋天舒適涼爽的氣候閒散地逍遙而行，真是怡然自得。

北國落羽松與掌葉槭鬥豔

為了不讓緋紅落羽松專美於前，另一邊的小坡上還有個賞楓亭，亭邊的掌葉槭也正賣力騷弄著動人秋韻，雖然帶著一股蕭瑟之味，卻依舊秋意濃厚。比起樹上所剩不多的楓葉，旅人們更愛這地上渾然天成的楓葉毯，也偷偷幻想著如果能撲臥在這楓毯上，睡場偷懶的午覺，一定棒透了。賞楓亭四周種植滿覆著掌葉槭，因為擁有地形條件上較高的優勢，所以看得見北谷的地形風景及廣闊視野，讓不少旅人經過這裡都會選擇坐上一會兒，休憩賞景也別具雅趣。北谷四處都充滿北國的神祕色彩，繼續往前走景色還會更精采呢！

層峰山巒、魅力紫色鼠尾草花海、緋紅落羽松，再配上歐風小木屋……我揉揉眼睛，不敢置信眼前所見的景色，再次讓人心情沸騰，宛如明信片般的風景就在眼前，這也是我喜歡旅行的原因之一，旅行生活繽紛了生命。一路漫遊至此，北谷遠離塵囂，讓我們優閒愜意地旅行在山巒的擁抱之中，覺得這裡的一切真是美極了！

交通指南

武陵農場（詳細資訊請見23頁）

周邊景點

梨山風景管理區、楓之谷1956祕密花園、福壽山農場、桃山瀑布（詳細資訊請見25頁）

食在好味

武陵國民賓館、武陵富野渡假村巴頓西餐廳、武陵農場楓林小館（詳細資訊請見25頁）

這片浪漫的風景是秋天最特別、最美好的回憶，此刻大地正是夢幻的毛絨紫色花團，到了春天時，它又將成為一片黃澄色的油菜花田，北谷風情是多麼令人嚮往與迷戀呀！唯有親身來過才能深刻體會，最後就將這片美好時光，用快門完整收藏起來！

這是我第一次在秋季時拜訪武陵農場，心底深深感覺到這兒的四季風情好不一樣，不同季節都有鮮明的大地色彩，各有各的代表色調，引領著風騷。我想也是因為這樣才會年年吸引著大批遊客上山流連，一來再來。武陵農場或許對於多數人而言，礙於交通、路途遙遠等因素而變得遙不可及，但希望能透過我的分享，讓大家知道其實臺灣還有如此美麗的地方。

即使到武陵旅遊的日子已經過了數月，再翻翻當時的照片，一邊回味著那日旅行的點滴，內心依然還是有股衝動想再上山旅行；找個你喜歡的季節，上山來旅行吧！✽

福壽山松廬

令人瞠目的楓紅奇景，感受迷人的滿滿秋意

賞花期／**10 月下旬～ 11 月下旬**

福壽山松廬

地址：臺中市和平區梨山村福壽路26號　**旅遊中心服務專線**：04-25989202 、04-25989205

地圖

松廬賞楓趣

氣候的急遽變化雖減去了不少紅葉，卻減不去松廬的滿園情調；旅程中放慢心情感受楓情萬種的微細變化，等待著光影的轉變，捕捉每一片楓葉的美好，是一種最幸福的簡約情調。

今年二月分為了大爆炸的武陵

櫻花，凌晨人來瘋，就和家人一起夜衝武陵。十一月福壽山楓紅開始，再度決定和朋友們爆肝夜衝福壽山。在夜衝的前一天，雖已得知楓況不佳，但為了一窺福壽山松廬楓紅的韻致名景，仍心意堅定地踏上賞楓之旅。行程原訂先在合歡山夜曝星軌和日出光景，卻遇上雲層過厚與短暫的降雨而雙雙槓龜；清晨的低溫教人冷到都想回家了，捱著捱著……終於等到天亮，但天氣不是太好，在松廬與福壽山遊客服務中心來回等了一小時，陽光總算露臉了。

充滿日本味的楓紅絕景

每年福壽山最佳的賞楓期落在十一月中旬至十一月下旬之間，

紅的、黃的、青的楓葉任光影穿透，再以木造的松廬屋舍作為最美的畫面背景，即使沒有滿園令人瞠目的楓紅奇景，卻也教人流連穿梭，感受著落葉繽紛的滿滿秋意呀！唯有如此令人嚮往的美好風景，才讓人干願捨棄睡眠也想一睹福壽山四季的夢幻風采。

首次造訪福壽山探尋楓紅的結果不甚滿意，隔年我在紅葉的季節再次造訪了福壽山農場。這次的松廬被深深的橘紅環抱著，獨見的這股紅韻搭上日式木造建築，讓人有錯置日本的感覺，更想念起在日本旅行的點點滴滴。

松廬賞楓的環境不大，卻楓情萬種。我喜歡走動，任意拍下自己眼中所見的每一處美好，透過光影和紅葉、綠葉交織著美麗，每一次來都能覓得不同的味道，這回許是少了陽光的關係，加乘了紅葉顯現的朦朧感，變得很有日味呢！✽

交通指南

開車　路線一：國道1號→臺中系統交流道下→接后里交流道→接臺3線→接臺8線→到德基水庫後轉臺7甲線即可抵達。　路線二：國道5號→接臺7線往宜蘭→接臺7甲線往棲蘭→思源啞口→武陵農場→經梨山即可抵達。

大眾運輸工具　客運：搭火車或客運到宜蘭轉運站或羅東轉運站，轉搭國光客運往梨山方向，到「梨山站」下車。或搭火車到豐原火車站，轉搭豐原客運往梨山方向（每天一班車），到「梨山站」下車。

周邊景點

達觀亭

地址：臺中市和平區福壽路29號　電話：04-25989205

營業時間：全天開放

達觀亭地圖

梨山文物陳列館

地址：臺中市和平區福壽路14號　電話：04-25980705

營業時間：08:30～17:30

梨山文物陳列館地圖

食在好味

福壽山農場餐廳

地址：臺中市和平區梨山里福壽路29號

電話：04-25989202

營業時間：06:00～22:00

福壽山農場餐廳地圖

梨山賓館

地址：臺中市和平區中正路91號

電話：04-22653939　營業時間：早餐07:00～10:00／午餐11:30～14:00／下午茶14:00～16:00／晚餐17:30～21:00

梨山賓館地圖

新社花海節

一期一會到臺中賞花去，新社花海節絢爛登場

假日宜搭乘接駁專車

又到了每年中部賞花盛事——「新社花海節活動」熱鬧開展的年末期間，由於這幾天的天空晝布占滿無邊的藍，我便利用午休時間的空檔去了一趟新社。明明是平日的中午，竟還塞了一小段的蜿蜒山路，建議假日來新社賞花的遊客，盡量搭乘花海接駁專車，因假日大車小車實施分道管制，搭接駁車可減去一些塞車之苦！遊歷完每年的新社花海節，總能感覺到布置上別出心裁，許多布置都融入臺中建設與地方農產特色，而到了活動中期的花況也會特別良好，不會疏疏落落，承接起花海節的濃厚歡樂，讓遊客都能拍照拍得好開心。

賞花不必人擠人

朝聖必拍的新社花海節年分花牆，主題依舊以繽紛畫布為主軸，以大地為布，花色是最絢爛的水彩顏料，彩繪出年末最繽紛也動人的美麗花毯。花牆正前方有吸睛又浪漫的可愛主題花區，從這裡開始鋪設賞花步道，讓整個花海觀賞區散布著人群，但一點都

賞花期／**11 月上旬～ 11 月下旬**

新社花海節

地址：臺中市新社區協成里協興街30號　電話：04-25825466

地圖

不必擔心會有人擠人的問題，因為高達三十公頃以上的活動腹地，讓每個主題花區都很精采也分散人潮，讓我一踏進這裡，花了將近三小時還走逛不完！旅人們，練好腳力了嗎？大手牽小手一起來新社花海節玩樂！

特別值得一提的是，每次打造的花毯不單單只是花卉拼布而已，年年主題不同，而花田中總少不了浪漫喜事，裡頭有不少可愛的藝術造景在其中陪襯著，吸引大批遊客們爭相合照。

花海區的花卉則是以數量壯觀取勝，一片又一片的彩色花卉，穿插在花田之中，宛如大拼布一般，讓旅人們一腳踩入就全迷失

方向啦！裡頭實在太大又太美，快一起來走進花海裡浪漫一遊。陽光普照的晴朗天候，讓我迷失也迷醉在這片波斯花海，就這樣陷在其中，無法自拔地快門直按不停；從黃澄澄的花海再轉身掉入最潔淨的純白和粉色的花毯之中，每一處都綻放著繽紛又閃耀的美麗，美得教人無從抗拒。

鏡頭下那些最坦誠赤裸的花朵，正努力騷首綻放著光采，值得旅人們一同前去體驗感受花海魅力，年末之際安排個時間，和家人或朋友相約到新社來賞花旅遊吧！✽

周邊景點

阿亮香菇園

地址：臺中市新社區協中街131號
電話：0920-266165　**營業時間**：09:00～17:00

百菇莊

地址：臺中市新社區協成里協中街2-1號　**電話**：04-25822665　**營業時間**：平日09:00～17:00／假日09:00～17:30

阿亮香菇園地圖　百菇莊地圖

食在好味

菇神

地址：臺中市新社區協中街287號
電話：04-25822585　**營業時間**：平日10:00～21:00／假日10:00～22:00

又見一炊煙

地址：臺中市新社區中興里中興嶺街一段107號　**電話**：04-25823568
營業時間：11:30～13:50／15:00～17:00／17:30～19:30

菇神地圖　又見一炊煙地圖

交通指南

開車　國道1號或國道3號→轉接國道4號從豐原端下→至臺三線豐勢路後左轉往東勢方向→循129縣道前往新社→沿花海標誌到達花海展區。◆註：新社花海節假日會有接駁車，接駁地點：太原停車場（臺74線太原交流道旁、臺中市北屯區太原路三段與建和路路口）可直達花海區，太原停車場發車時段為08:00～16:00，花海展區發車時段為10:00～18:00，約20-30分鐘一班。

大眾運輸工具　**高鐵**：搭高鐵到臺中站，由高鐵臺中站大廳3號出口方向前往臺鐵新烏日站，搭乘臺鐵區間車北上至臺中火車站或豐原火車站，轉乘市區公車至花海展區。　**臺鐵**：搭臺鐵到臺中火車站或豐原火車站，平日至前站轉乘市區公車至新社花海展區，假日轉乘市區公車至太原停車場，再轉搭接駁車至花海區。　**公車**：搭車到臺中火車站或豐原火車站，轉乘臺中市市區公車91、265、270、272、276、277、278、279路線，於「下中興嶺」下車，需步行約2公里至花海區；264、271於「二苗圃口」下車，需步行約900公尺到達花海場地；265於「四村口」下車，需步行約1公里可抵達。

銅鑼鄉九湖村杭菊專業區

與秋天有約，樂遊杭菊花海

秋收時節杭菊開

要等待一朵杭菊的綻放，足足得花上八個月的時間，才能一睹它的美麗風采。

在每年十一月的秋收季節，苗栗銅鑼地區都會以在地特有的農作「杭菊」，搭配採收時節，規畫一系列的賞花活動。杭菊為一年一收的可食用植物，最常做成乾燥貯存，可以用來平常泡茶、提神保健等。

在活動期間，來到苗栗銅鑼尋找杭菊花田並不難，一路上都有指標引導，從銅鑼交流道接臺十三線外環道轉入後，約五到十分鐘就到啦！這裡除了杭菊花田，還另外種了波斯菊、向日葵、百日草，串起一大片的花布圖騰賞花區，也為賞花之旅增添了幾分驚喜。主要的花海區集中於九湖村、中平村周邊。

十一月也能幸福追花

二十公頃的杭菊花田有的白、有的粉，還有閃耀的金黃，當杭菊齊開時，紅白黃綠的幸福彩田

賞花期／**11月上旬～11月下旬**

銅鑼鄉九湖村杭菊專業區

地址：苗栗縣銅鑼鄉九湖村92-3號（苗栗臺13線銅鑼外環道）

地圖

繽紛了眼前的大地，鋪畫出專屬於山城的鄉村浪漫。粉紅杭菊給人一種嬌柔的、甜甜的、幸福洋溢的感覺；白色杭菊在開闊的視野裡像是覆上了一層甜蜜糖霜，宛如白雪一般的景色，令人傾心。我靜默地站在田埂邊，忘情沉浸在幸福花田裡，感受著陽光、空氣、水的完美結合。用散步的方式，慢步於農村鄉里之間，看著風中搖曳的杭菊與藍天交織出輕盈剔透的畫面，一種最甜蜜又幸福的自然寫意湧出心頭，讓人沉溺在賞花旅程中，享受著秋日旅行時陽光與微風拂身的舒心自在。

苗栗山城正注入一股清新自然的客家農村況味，讓沉悶緊繃的

工作情緒，在農村漫步的吐納之間完全輕鬆地釋放。各式色彩飽和的豔麗花朵散布了整片鄉野，猶如溫暖的童話鄉村情調，療癒了旅人的身心，十一月真是個幸福的追花時節呀！✽

交通指南

開車　**路線一**：國道1號南下→苗栗交流道下往公館方向→接臺72線快速道路往銅鑼方向→銅鑼交流道下→接苗128線道→右轉直行經中興工業區到達銅鑼市區→接臺13線省道→左轉經三義往銅鑼方向可抵達。　**路線二**：國道1號北上→三義交流道下→轉臺13線往三義方向→經三義往銅鑼方向可抵達。　**路線三**：國道3號→通宵交流道下→往銅鑼方向接苗128線道→沿著銅鑼指標即可到達。

大眾運輸工具　**火車**：搭臺鐵到銅鑼火車站，轉搭計程車前往。（◆註：11月的特定時間在銅鑼火車站會有賞菊接駁專車，可洽詢銅鑼鄉農會。）**銅鑼鄉農會電話**：037-981008

銅鑼鄉農會

周邊景點

苗栗客家文化園區、飛牛牧場（詳細資訊請見127頁）

食在好味

棗莊古藝庭園膳坊、福樂麵店

（詳細資訊請見131頁）

武陵農場

享受熱血的追楓之旅，發現秋日的萬種風情

賞花期／賞花期：11 月中旬～ 12 月上旬

武陵農場

詳細資訊請見20頁

武陵秋季別有楓情

秋天最熱血的旅遊式，就是跟著我這樣玩！追完福壽山楓紅，再賞武陵秋季絕景，Let's Go！

大家都知道春天的武陵農場有櫻花季的加持，是一年之中旅遊最熱、人潮最繁的時節，但秋天到訪武陵也是別具一番浪漫迷人的「楓」情唷！

離開了秋季賞楓熱地「福壽山農場」後，我們決定開著車繼續往武陵農場尋找秋味去。才到入口收費亭，一棵閃著耀眼光芒的黃金楓樹就站在一旁迎接旅人的到來；搖下車窗簡單地欣賞著黃金楓的姿態，而這抹金黃更點燃了我們對整座武陵濃濃秋味的期望，究竟農場裡頭還深藏了多少這樣的秋楓景色？一起滿心期待地邁著腳步前進吧！

路經入口花園一處，正當我們還研究著導覽地圖時，一席紫色花海襲眼而來，是獨特少見的秋味，帶著夏天餘留下的溫度，讓微暖的幸福悄悄地蔓延開來。原來，那是一大叢快比人還高的墨

西哥鼠尾草，裡頭正散發著熱情與閒散的氛圍，吸引遊客驅前流連，拍著一張張珍貴的回憶。

南谷金黃色銀杏樹林

在這充斥著繽紛秋味的園子中，我沿著小步道慢慢往角落外廓走去，左右植滿各式花卉，將花園妝點得活潑熱鬧，看著植物們悄悄對話，雖然不語卻十分深情。對這個花園的驚豔還未結束，就聽到朋友呼喚，似乎發現了什麼趣事？看到花園裡有座木造涼亭，穿過涼亭再過一座小橋，赫然出現眼前的是從未看過的景色，那是一座金黃色的「銀杏樹林」。

從踏進銀杏樹林的領域開始，天地間全被草綠與金黃兩種色彩給滿滿占住，帶著一份閒散的心情，乘著涼風散散步吧！黃澄澄的銀杏樹林就座落在桃花莊與賞鳥步道旁，這裡擁有武陵秋季限定的金黃絕色，四處飄散著日味的雋永風情。陽光下，風兒正徐徐吹動曬著日光浴的銀杏葉，整座樹林像是堆滿黃金寶石似地閃耀著光芒，令人感覺到一股蘊藏的活力，深深打動人心。枝頭上，像是一對對黃色小翅膀等待著風兒的輕吻，準備飛往更遠的遠方，展開旅行。

豐沛的光與影，帶給人活力滿滿的感覺，就算只是散散步，也走了好久不想離開，陽光下很溫暖也很溫馨，這一區著實瀰漫著濃烈的秋味，十分浪漫。

此刻，友人突然有旅行中無法承受的內急，我們再度乘車來到遊客服務中心附近，隔條馬路就是「醒獅園」了，而這裡也能尋得濃濃的迷人秋味。取名叫醒獅園，是因這裡擺著一頭張嘴大吼姿態的獅子，看來獅子是不滿牠頂上的那棵老楓樹只綴上了幾點秋紅，還太青綠了！這棵楓樹可以看出是滿有年紀的老樹，如果再過些時日來看，整棵楓紅的樣子一定美翻天。

還記得剛剛在銀杏林旁提及的賞鳥步道嗎？它可是有延伸到這兒的，左右兩旁楓木夾道又是另番美麗楓情。以藍天為背景，陽光穿透了枝頭上的葉片，再折射進眼裡，變得更閃耀動人。呼吸高山上的冷空氣，欣賞大地的新衣，秋意正濃。✽

交通指南

武陵農場（詳細資訊請見23頁）

周邊景點

梨山風景管理區、楓之谷1956祕密花園、福壽山農場、桃山瀑布（詳細資訊請見25頁）

食在好味

武陵國民賓館、武陵富野渡假村巴頓西餐廳、武陵農場楓林小館（詳細資訊請見25頁）

Part4

冬天

雪白梅花詠詩

橋頭花海

一秒走到普羅旺斯，邂逅彩虹橋頭花海

年末的賞花接力

農村裡瀰漫一股豐收喜悅的鼓動，一頃頃仰頭迎風微笑的花朵正賣力騷動著，色彩飽滿的花海顏料更肆無忌憚地恣意隨處潑灑，置身其中才發現，今年的冬天變得溫暖繽紛了！

規畫了兩週的高雄彩虹橋頭花海賞花行，終於在週日的溫暖氣息包圍下實現。早期農作休耕時總會種植油菜花當作稻田下次耕作的農肥，近幾年紛紛改換新妝，開始種植花卉作為農肥，讓十一月至二月這段年末期間，全臺都有接力不完的賞花活動。

踩著輕快步伐走進如夢境般的彩虹花園，花兒們靜謐相迎。當遇見滿滿一大片彩虹花海，一種難以言喻的浪漫油然而生。

波斯花菊的美麗拼布

彩虹波斯菊花海區是每處都能按下幾百張快門的美麗花田，花

賞花期／**11月上旬～12月中旬**

橋頭花海

地址：高雄市橋頭區竹林公園

地圖

朵的美千變萬化，教人目不暇給，不必擔心拍得究竟美不美，只要認真記錄下這令人幸福的一刻，即是完美。紅的、粉的、黃的、白的一朵朵波斯菊，在農夫爺爺精心巧手揮灑之下，成了一幅幅動人的畫作，花海裡如果少了這些波斯菊的活力可愛，好像就不那麼精采了。

徜徉在陽光下的小雛菊也自成一片花田，在花海中環抱著一處花菜田，一大片蒼綠色看得教人心情更快活了。一旁的百日草彩虹花海也無限綿延著，這畫面看似只屬於童話故事裡才有的繽紛色彩，正在眼前上演；今天也換我來扮演故事裡的美麗公主，在如此夢幻又浪漫的氛圍下慢步嬉遊吧！

細細品讀花田裡的浪漫，拍下每一張在陽光下花朵的微笑，樹和路的兩旁全是滿開的花田，記得走到底就對了，一路走向彩虹橋的彼端……✽

交通指南

開車 國道1號→於岡山交流道下→沿介壽東路往岡山方向行駛→遇岡山路口時左轉南行→續接省道臺1線進入橋頭即可抵達。

大眾運輸工具 火車：搭乘臺鐵到高雄橋頭火車站下車，出站後步行約9分鐘或搭乘免費接駁車到達會場。

捷運：請於高雄捷運橋頭火車站下車往2號出口，出站後步行約9分鐘或搭乘免費接駁車到達會場。

周邊景點

臺灣糖業博物館

地址：高雄市橋頭區橋南里糖廠路24號　電話：07-6119299#5

營業時間：09:00～16:30

橋頭老街

地址：高雄市橋頭區橋南路

臺灣糖業博物館地圖

橋頭老街地圖

食在好味

橋仔頭黃家肉燥飯

地址：高雄市橋頭區橋南路106號

電話：07-6123253　營業時間：09:15～17:30 / 週一公休

橋頭太成肉包陳家第三代(總店)

地址：高雄市橋頭區成功路164號

電話：07-6110153　營業時間：07:00～19:00 / 週一公休

橋仔頭黃家肉燥飯地圖

橋頭太成肉包陳家第三代地圖

頂峰梅園／民宿

梅花招展遠迎遊人，藍天白雲下一枝獨秀

私家賞梅露營點

梅花季的盛開時節，南投縣信義鄉的上山道路沿途都能看見左右兩旁種植的梅樹盛開的模樣，梅枝招展地遠迎每一車旅人的到來，如果有好天氣加持，更讓整條山路熱烘烘的，生意盎然的景象好不熱鬧。

我口袋名單中的不藏私賞梅景點——「頂峰梅園」，是一片私家的梅園，想到訪賞梅的朋友，請盡量先跟主人打聲招呼會比較有禮貌（勿私闖）。

頂峰梅園位於信義鄉風櫃斗海拔約一千公尺左右的高度，不算是賞梅熱點，因為地點略微偏僻，人潮相對較少，自然僻靜許多。在頂峰的高度，能輕鬆地一眼就鳥瞰到對向的層疊山巒與俯望陳友蘭溪，信義高山的美景與梅景全都飽覽無遺。

我們主要是來這兒露營的，每年逢一月梅花盛開的時節，更有梅花相伴。盤踞著整片山頭的梅園土地十分廣大，賞梅的區域以露營地為中心點，大伙兒紛紛依

賞花期／**12月下旬～1月中旬**

頂峰梅園／民宿

地址：南投縣信義鄉自強村陽和巷76號　電話：049-2792289、0923-11169

地圖

著自己的腳步分散開來，而我也帶著一顆被老舊鐵皮屋吸引的好奇心，順著一旁蜿蜒的小路，踏上自己的探梅旅程！

走在山坡間，回頭望見夜晚準備露宿的幾頂帳篷，沒想到我們竟然能夠夜宿在盛開的梅花山頭，光是期待夜晚的到來就夠浪漫了。一個人閒散地漫步在梅樹築成的梅花隧道之中，當下真希望能與大伙兒分享眼前最美的一切，不過忙著按快門的我，決定還是先獨享這裡吧！不時有落花飄落的一席白色地毯十分優美，隨興席地而坐，拍起以藍天為背景的梅花獨秀，既清新脫俗，又帶著冷豔氣質，教人直視它的美而目不暇給。盛開後的花朵潔白

動人，而含苞待放的姿態更是嬌滴可人。

夜曝梅花，幸福好眠

準備轉移腳步的同時，發現大伙兒幾乎全往山頭前進，腳步立刻跟進，此時山頭的景色看上去一片蒼白，宛如下雪般的夢幻情景就在眼前出現，白梅與枯石更構圖為一幅美景好畫。我攀著小路前行，再搆上枯石，在宛如雪花的梅花叢游移，來回捕捉觀景窗內看見的所有美景，在小窗子裡盛開的梅花園，就像樹上結著爆滿的爆米花一般，讓人開心得好想大叫。不一會兒，在前方不遠處看見友人，藍色的顯目外套恰巧為這片銀白世界增添不一樣的視覺，也讓整體畫面臻於完整，而我更瞬間迷失在魔幻的銀白色雪花世界，沉醉於與它相遇的每一刻。

花了不少時間才走上頂峰梅園的高點，目光所及的一切實在美得太不真實。由於私家梅園不像熱點梅園總是人潮大爆滿，讓旅人得以覓得一處僻靜的賞梅祕境。我閉著眼，張大口，呼吸著高處不勝寒的冷空氣，眼底的群山皆立於足下，一景一物令人震撼，期待未來一切仍能持續完好並美麗永存。我感動了許久，和友人們一同留下不少紀念照才肯罷休，走回露營地展開晚餐。

別以為我們來到頂峰梅園賞梅的活動就此結束，愛攝影的我們是來這裡過夜的，當然少不了夜曝梅花；一幅幅以星空為背景的夜梅景色，讓大伙兒全開心得玩瘋了，又是星空，又是爆開的梅花，這一夜真是幸福好眠呀！✽

交通指南

開車　路線一：國道3號南下→名間交流道下→臺3線左轉→臺16線往集集、水里→臺21線省道直行至95.5K→右轉投59鄉道上新鄉、牛稠坑11K左轉150M即可抵達。　路線二：國道3號北上→竹山交流道下→臺3線左轉約1K三叉路臺丙線直行→臺16線往集集、水里→臺21線省道至95.5K→右轉投59鄉道上新鄉、牛稠坑11K左轉150M即可抵達。

大眾運輸工具　客運：搭臺鐵到二水站，轉集集線到水里站，改搭員林客運到「新鄉」（一天三班），步行1.5公里即可抵達。

員林客運

周邊景點

信義鄉農會梅子夢工廠（酒莊）

地址：南投縣信義鄉新開巷11號　電話：0975-801959

營業時間：08:00～17:00

食在好味

喜覺支梅園餐廳

地址：南投縣信義鄉自強村陽和巷2號　電話：049-2791115

營業時間：10:00～14:00

信義鄉農會梅子夢工廠地圖

喜覺支梅園餐廳地圖

后里泰安國小

慢遊緋紅森林，尋見世外桃源

休耕時節花田多

屏息悠轉在這座夢幻的緋紅森林之中，當藍天嶄露、陽光閃落，這裡宛如世外小島般，更有純樸與寧靜的氣息，美得讓人彷佛置身異國浪漫國度，這裡就是臺中最美的落羽松森林——「后里泰安國小旁的落羽松祕境」。

下了后里交流道後，循著導航的指示一路順暢，我們從臺13線轉進安眉路，這裡距離后里泰安國小已經很近了。如果不開車，也能搭火車坐到「泰安火車站新站」，再用步行的方式前往泰安國小的落羽松森林，用散步的方式約二十分鐘就能到達。安眉路的左右兩側都是休耕的農田，有些已經是繽紛的波斯菊花田，讓旅人望著車窗興奮不已，但這一路上實在不好停車拍照，等到路經「萬靈爺」廟宇旁才有停車空間，方能下車拍攝這片漂亮的花海。在這個休耕時節，附近的花田還不少，來踏訪落羽松森林的同時，不妨也停下來拍一些花海，會更充實旅行的回憶。

后里泰安落羽松祕境即在泰安

賞花期／**12月下旬～2月上旬**

后里泰安國小

地址：臺中市后里區安眉路5號

地圖

國小的小路旁，一處被農田包圍的落羽松林，遠遠地就能看見那緋紅奪目的色彩。好美的泰安落羽松，這是我第一次到訪，實在是太驚豔了！

人間也有仙境

走進落羽松森林的小徑有好幾條，我們沿著田梗小路走著，看見眼前最美的黃綠紅漸層色，目前落羽松的轉色狀況十分美好，樹體也十分碩大，掉落的狀況大約一成而已，正是來賞落羽松最棒的時機。褪轉成繽紛的緋紅色彩，吸引著旅人到訪遊樂，這是臺中泰安賞櫻之外，另一個季節的私房景點了。

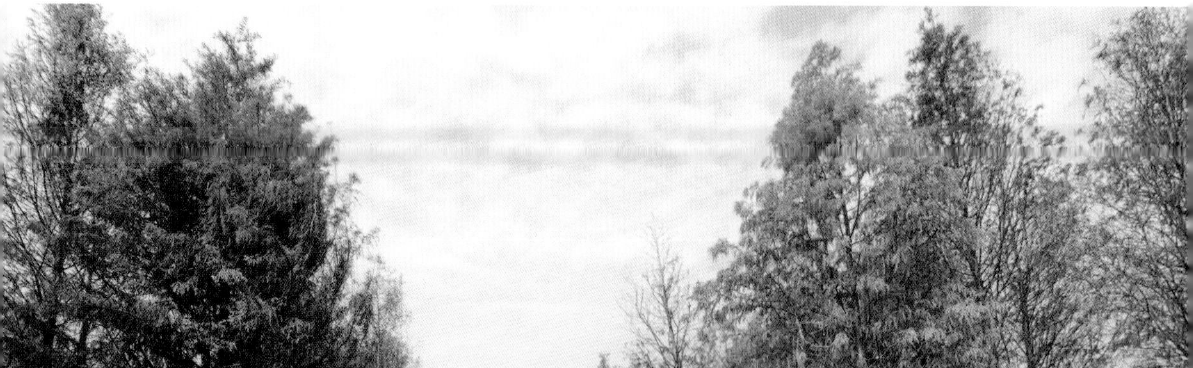

令人瞠目的緋紅奇景呈現眼前，就像誤闖入仙境一般，高大的樹體將不大的腹地，圍成一處與世隔絕的世外小島，裡面到處充斥著最飽和的濃郁色彩，感受十分迷人，美得都讓人忘記要尖叫了。這裡讓我初訪時便感到療癒，真是給旅人最棒的驚喜了。

到訪這天，雖然暖陽於頂，但仍然能感受到一絲絲的清涼冬意，所以現場探訪的遊客並不多，也讓這座森林保有寧靜氛圍，旅人們更能享受鄉間特有的純樸氣息。宛若仙境般的美景，三三兩兩的旅人在自己獨好的角落裡，拍著美好的出遊回憶，啊！這裡真是怎麼拍、怎麼看都覺得美！

漫遊在這座富有濃郁色彩的森林，彷彿散步在他鄉，讓人忘記了時間還在走，最自然的異國氛圍，也是婚紗外拍的好地點；喜歡這種繽紛又浪漫的落羽松景色的旅人，一定要來這片神祕森林，與落羽松美景來一段最棒的邂逅，現場看會更美喔！這裡就像有種勾人的魔力般，快門會一直按不停！換上鮮豔紅衣的臺中泰安落羽松森林，值得旅人親身來走一遭，一睹其美麗風采。✽

交通指南

開車 國道1號→三義交流道或后里交流道下→臺13線經過泰安鐵道文化園區（泰安舊火車站）→接安眉路即可抵達。

大眾運輸工具 客運：搭乘火車到泰安火車站，轉搭豐原客運211、214號到「泰安國小」下車。也可從泰安火車站步行約20分至泰安國小

周邊景點

泰安鐵道文化園區
地址：臺中市后里區福興路52號
營業時間：09:00～17:00

中社觀光花市
地址：臺中市后里區三豐路五段333號　電話：04-25576926
營業時間：08:00～18:00

麗寶OUTLET MAL
地址：臺中市后里區福容路201號
電話：04-37022888　營業時間：週一至週四11:00～21:30／週五11:00～22:.00／週六10:30～22:00／週日10:30～21:30

食在好味

豐原廟東夜市
地址：臺中市豐原區中正路167巷
營業時間：11:00～01:00

豐原廟東夜市地圖

泰安鐵道文化園區地圖

中社觀光花市地圖

麗寶 OUTLET MALL 地圖

落羽松飄落，紅羽毛鋪蓋大地

一三九縣道落羽松森林

原來是一座樹木銀行

初冬之際，南投八卦山竄出一處令人驚豔的美麗小森林，正滿載著靜謐的浪漫與幸福呢！原來是在鄰近微熱山丘與天空之橋的一三九縣道上，近日竄出一處落羽松森林景點，說成「森林」實在太誇張了些，但不可否認它是座「落羽松小森林」。在探訪過附近住家後，才知道它其實是座「樹木銀行」，就是種植一大片樹木，如果有買家喜歡就可以買走，且數量不拘，而這一大片落羽松銀行隸屬於南投星月天空景觀餐廳所有，目前以免費方式無償提供遊客們入內賞景與拍照。

落羽松景點臨近馬路旁，就在車來車往的一三九縣道上，著實令人不敢置信，馬路邊竟然藏有一處這麼美的小驚喜。我造訪的時間點意外地人很少，除了車輛往來呼嘯而過的煙管聲，這裡倒是適合安安靜靜約會的小景點，讓我和友人宛如置身國外一般，賞心悅目地遊歷著這個夢幻的小小園區。

賞花期／ 12月下旬～2月上旬

139縣道落羽松森林

地址：南投市八卦路710號　電話：0912-456789

地圖

順遊微熱山丘和天空之橋

被冬日的冷空氣漸漸染紅的落羽松樹，亂中有序地分散在園內，讓人隨手拍都美；園內還有鞦韆、吊床與情人木椅，這些都是星月天空體貼遊客而搬過來放置，讓整體氛圍更加甜蜜，散步漫遊其中，令人感到愜意放鬆。

熟透的松葉就像紅羽毛般輕輕飄落並鋪蓋在這片土地上，一席紅地毯在陽光普照下更加閃閃動人，歡迎路過的旅人進來稍坐片刻，享受謐靜的悠閒。

開放式的落羽松園區遊賞的面積說大不大，但也擁有上百棵落羽松樹，裡頭布置的氣氛，適合

交通指南

開車　國道3號→南投交流道下→臺3線往南崗工業區方向→見猴探井指標→經猴探井風景區→嶺興路（139縣道）→遇T字路口右轉八卦路（139縣道）→沿星月天空、微光森林指標直行→經過7-11猴探井門市後，約幾百公尺後右手邊抵達。

周邊景點

微笑天梯

地址：南投市猴探井街300號　電話：049-2292556　營業時間：08:30～17:30

星月天空猴探井景觀餐廳

地址：南投市猴探井街146巷200號

電話：049-2292999　營業時間：平日 17:00～00:00／假日 11:00～00:00

食在好味

赤腳精靈

地址：南投市八卦路1-1號　電話：049-2233666　營業時間：09:00～22:00

豬舍咖啡

地址：南投市鳳山里八卦路1249巷10弄

電話：048-729030　營業時間：只營業週六、週日 06:30～17:30

微笑天梯地圖

星月天空猴探井景觀餐廳地圖

赤腳精靈地圖

豬舍咖啡地圖

旅人經過一三九縣道時稍作停留、拍拍照，看接著是要去微熱山丘嘗嘗酸甜的鳳梨酥，或者到天空之橋一睹彰化臺地之美，都是很棒的南投旅遊行程，也適合各年齡層遊客一遊。✽

九佃落羽松林

打造落羽松歐式庭園，每天都像渡假般愜意

棗園旁隱藏落羽松祕境

這回由在地同學帶路玩南投國姓，總有一種回味青春的難忘之感。九佃落羽松庭園就位在鄰近同學家不遠的國姓驛站旁的僻巷中，道路十分狹小，所以不建議旅人們將車輛開進去，來訪落羽松的車輛可以就近停放在驛站的免費停車場裡。

舒服的暖陽天氣，走在鄉間小路上覺得鄉下生活格外悠閒，從穀豐宮的牌樓直行，落羽松庭園即在不遠處；在抵達落羽松庭園之前，還經過了一處網室棗園，裡頭的棗樹上已結了沉甸甸的棗子，看來十分誘人。

賞花期／ **12月下旬～2月上旬**

九佃落羽松林

地址：南投縣國姓鄉長壽巷47之2號

地圖

私人美景無料開放

網室棗園旁就是國姓落羽松祕境的所在位置，私人的落羽松庭園，因為吳姓園主的無私開放分享，讓旅人們可從小門直接進入，但也別忘了，如果遇到園主就熱情地打聲招呼吧！

走進小門後即可見夢幻的落羽松庭園。此地地名為九佃，而有國姓九佃落羽松庭園之稱。九佃的由來，是後來聽園主解說後才明白，因臺灣以農立國，早年此處共有九戶農家，彼此皆為租佃關係，地方上而有了「九佃仔」之稱。

約莫五年前，吳姓園主開始購

入擁有十多年樹齡的大棵落羽松樹回來種植，原本只是想在自家庭園欣賞，打造宛如每天都像在渡假般的愜意生活，不過落羽松祕境一處又一處地被挖掘出來，讓吳姓主人決定無私地分享他所打造的夢幻庭園。庭園中竟然有高達兩百多棵的落羽松，而且還建造成適合落羽松生長的濕原環境，利用福龜圳中的水流引進種植的林區中，又順勢在裡面造了水池，養了鴨子和鴛鴦，完全是個夢幻的渡假環境，只要走出家門口，美麗風景就在面前，但這可是期間限定的景色！✽

交通指南

開車　國道3號→在草屯接國道6號→國姓交流道下→左轉往埔里方向直行→看到國姓驛站停車後從旁邊的長壽巷走到入口。

大眾運輸工具　客運：搭乘臺鐵到臺中火車站，出站後轉搭全航客運6268號往埔里方向，到「福龜旅遊中心」站下車再步行。

周邊景點

國姓驛站

地址：南投縣國姓鄉中正路一段127號　電話：049-2723011　營業時間：09:00～17:30

禪機山仙佛寺

地址：南投縣國姓鄉長壽巷66-1號　電話：049-2724669　營業時間：08:00～17:00

食在好味

魔法咖啡屋 Mofa Café

地址：南投縣國姓鄉北圳巷28-1號　電話：0928-997856　營業時間：10:00～17:00／週日、週一公休

行者咖啡

地址：南投縣國姓鄉國姓路19號　電話：049-2462688　營業時間：平日09:00～18:00／假日09:00～20:00／週一公休

國姓驛站地圖

禪機山仙佛寺地圖

魔法咖啡屋 Mofa Café 地圖

行者咖啡地圖

林內農田水利文物陳列館

最唯美的鄉間仙境，歐洲般的異國風景

賞花期／ **12 月下旬 ~ 2 月上旬**

林內農田水利文物陳列館

地址：雲林縣林內鄉林中村三星路9-2號
電話：05-5324126　開放時間：陳列館目前僅接受學校或機關團體申請參觀，若是個人參觀，僅開放每個月的第二及第四週的週三（13:30～16:30）

地圖

感受聖誕節慶氣息

久違的浪漫冬味終於到來，這幾年的冬天在追求旅遊的盛事上，也開始把「追落羽松」視為必訪的美麗旅行之一，這次來到雲林縣的「林內鄉」，拜訪最唯美的鄉間落羽松祕境——「林內農田水利文物陳列館」。

林內這處落羽松祕境就座落在農田水利文物陳列館之中，園區整體不大，面積大約三百平方公尺，這裡除了農田水利文物陳列館外，還有許多戶外參觀空間，其中最吸引旅人目光的不外乎是水圳兩側旁的高大落羽松樹。現在正值涼冷冬季，落羽松已經開始轉紅了，水圳旁繫上兩條紅色的繽紛彩帶，感覺像在過聖誕節，實在美極了！想前往這處林內落羽松景點，在交通方面，可能要開車才會方便許多！如果是搭乘交通工具，可以坐火車到林內站下站，但從林內車站到農田水利文物陳列館的往返路程，可能就得搭計程車了，因為這處景點實在很偏僻，交通不太方便。

水車搭配落羽松的歐洲風情

我們知道雲林以農業為主，這裡大部分土地皆種植稻米，因為需要開渠水道來灌溉，所以水圳的功能就很重要。這間農田水利文物陳列館利用教學與參觀的方式，讓遊客知道更多關於種稻的過程，以及農村社會常見的家中農業器具，只不過很不巧的是，我來訪這天正好是休館日，館內的介紹就等旅人們自己來探訪！雖然遇到休館，不過館外還有一些農村藝術裝置可以認識農具，也是散步拍照的好地點。

在入口處可以看見座落在水圳兩旁的落羽松，水車搭配緋紅落羽松的畫面，讓人有置身歐洲的

交通指南

開車

國道3號→斗六交流道下→臺3線往林內方向→雲59線鄉道（三星路）即可抵達。

周邊景點

大同醬油黑金釀造館

地址：雲林縣斗六市斗工二路39號　電話：05-5573636　營業時間：08:30～17:30

食在好味

芋見幸福

地址：雲林縣林內鄉烏塗路78號　電話：05-5892821　營業時間：09:00～17:00

大同醬油黑金釀造館地圖　　芋見幸福地圖

錯覺。其實在臺灣的鄉下，到處都有這般唯美的風景，而這裡最美的風景，就是水圳兩旁依偎著正準備轉紅的落羽松樹群，左右兩旁也各有散步道與自行車道，很適合各年齡層的旅人來訪遊樂，一起來感受樂活鄉下的純樸氛圍與腳步的慢節奏。

水圳落羽松的散步路線長度不算長，但整體還是很壯觀，加上落羽松紅得很夢幻，處處透露著繽紛又浪漫的氣息，好適合安排假期來這兒走走，但這也是期間限定的景色，記得十二月下旬到一月底之前來雲林旅行！✽

西伯梅園

山巒美如畫，梅園似白雪

近身探訪梅花隧道

揭開新的年度，一起遨遊在雪白的夢幻世界裡，南投仁愛「西伯賞梅步道」即刻開賞！

西伯梅園位於中原部落，相當鄰近我們較熟悉的互助國小，順路直行約一點二公里可抵達。來到西伯梅園，能看見不少的梅園

賞花期／1月上旬～1月中旬

西伯梅園

Google導航設定：互助國小（抵達後不要進去國小，直接順著路繼續直行，約1.2公里就會看到左手邊有「西伯梅園賞梅步道入口處」的標示牌引導）

地圖

簡介說明，山下山上的賞花區域梅花盛開的狀況不大一致，山下有許多梅枝的末端，待放的花苞遠比盛開的白花多，而山上早已盛滿雪白。

較新的西伯梅園，平日裡來訪的遊客不多，但一點也不寂寞，因為山巒間，正放送山地居民們開心鼓舞的卡拉ＯＫ音樂聲，不自覺地連心情也跟著輕快的旋律徜徉山林之中，讓人覺得開心。

從入口處走遠後，沒有過多的吵雜聲，左右瀰漫著幽靜的氛圍。前方有一大片的清新山林，上頭正覆蓋一層厚厚的梅雪，此刻只想再快一點，走近一點，看清楚一點；順著小徑上行，沿途

兩側早已是梅樹林立，其實可以慢慢走，欣賞美麗的梅花步道。

賞梅步道其實並不複雜，但不少人會覺得遠而放棄。其實來到接近山腰處，只要順著步道右轉上行，會有兩條賞梅景的路可以欣賞，一條梅花隧道，另一條則是超祕境的古堡梅園；喜愛賞花的我，決定多花一點時間，兩處都去繞繞吧！

往梅花隧道的方向有像樓房一般高的梅樹，中間竟開出一條能散步的小徑，漫步其中就像走在梅花隧道，十分愜意。無論往前拍或是後拍，都是一致的美景，路程約三百公尺即可走到盡頭。

小徑尋幽古堡梅園

看完梅花隧道，原路返回另一條賞梅步道路口，往「古堡梅園」探尋賞梅祕境！這裡打造一處觀景臺，從觀景臺望向山那頭的視野更加遼闊，我靜靜地瞭望眼前的這片天地，覺得南投的山巒美得就像一幅圖畫，藍藍的天空飄著幾朵白雲，遠山下座落著一間間遠看如火柴盒般的屋舍，有河川溪水，更有雪白梅景點綴，真是美極了！

往古堡梅園的賞梅步道，傾向為一區一區的果園制，但其中雜草也略為高長，建議不必要就別跑進去了。朝著唯一一條路走進去，裡面是一區獨立的祕境梅園，在天地山河的角落裡，正不造作地伸展著枝臂，彷彿低語著，歡迎旅人們開心來賞花，而我也享受著這份獨有的浪漫，縱身走在井然有序的梅樹之間，感受陽光的溫暖、微淡的花香和輕聲的鳥語，好完美的幸福時刻。

在西伯賞梅步道種植的梅樹，屬於自然生長派，不經過特別的人工修枝與雕型，所以滿山遍野欣賞完，會覺得格外野放豪邁，這也是仁愛鄉的賞梅特色。✽

交通指南

開車　國道1號或國道3號→轉國道6號→國姓交流道下→接臺14線省道→在國姓轉133縣道→轉臺21線省道→接投80鄉道（循惠蓀林場指標行進）→投80鄉道3K右轉上坡到達互助國小→4.6K處左轉過北港溪橋即可抵達。

周邊景點

北港溪溫泉區

地址：南投縣國姓鄉北原路56號

電話：049-2461311

食在好味

楊眉苑餐廳

地址：南投縣仁愛鄉新生村山林巷177號　電話：0936-907399 / 0931-256443　營業時間：11:00～18:30 / 週六公休

音樂水車Cafe

地址：南投縣國姓鄉國姓路73-12號　電話：0912-653492　營業時間：08:00～17:30 / 週二公休

北港溪溫泉區地圖

楊眉苑餐廳地圖

音樂水車Cafe地圖

新生村半天寮賞梅步道

賞梅意猶未盡，尋路再探祕境

賞花期／ 1月上旬～1月中旬

新生村半天寮賞梅步道

Google導航設定：曉園民宿（往半天寮賞梅區）

地圖

賞梅問路預約服務

在仁愛鄉投八十鄉道上有三個部落，分別為清流、中原及眉原，西伯梅園和互助國小的賞梅祕境都位於中原部落的互助村之中，而這次我們要繼續深入旅行，前往眉原部落的新生村，找尋梅之祕徑。和互助村、西伯賞梅點較為不同，眉原有著相當

獨特的河谷沖積地形，處於海拔最高、較不容易抵達的僻境位置，我不會建議旅人非去不可，畢竟上山的道路蜿蜒又小條且會車不易。

我原本計畫結束西伯梅園的賞梅之旅後就準備回家，離開前在路口指示牌與活動旗幟上看見還有新生村的賞梅步道，距離也不遠，僅只兩公里，帶著意猶未盡的賞梅興致和好奇心又出發啦！

途中會經過眉原部落當地的禮拜教會——真耶穌教會（新生教會）與基督長老教會的眉原教堂，眉原教堂的醒目外觀引來目光與停留，在近距離的接觸後，感覺教堂十分古老，無論是建築的外觀或現場瀰漫的氛圍，都充滿一股神聖的肅靜感。

由於遍尋不著新生村賞梅步道入口的位置，我停下車詢問，附近定緣居的老闆娘熱情地引導與貼心提醒：「道路很小，要注意小心慢開，梅花會在兩側看見。」後來老闆娘還給了張名片，上頭很趣味地寫著：「問路預約服務」，看來不少人和我一樣遍尋不著新生村梅園的入口小徑，而從一次的問路就能感受到原住民同胞與生俱來的樂天幽默感。

專業管理的新生村梅園

找到新生村通往半天寮賞梅步

道的正確道路後，沿途開始有明確的指標，可依循前進，不怕找不到路了。途經眉原橋，在溪水中佇立著兩座帶有特殊圖騰的牌樓，感覺像是舊橋的牌樓，非常醒目也引人好奇。過了眉原橋後，往上約二十公尺會有一段小叉路，左邊的白色水泥路可再通往西伯梅園，往右則可以到達半天寮梅園。

繞過羊腸般的小徑，一區區被鐵絲網禁錮的梅園現身了，這就是我們此次的目的地——「新生村梅園」。此一梅園為半開放式，剛好巧遇正在附近的梅園管理人，他非常歡迎遊客來參觀，也可認養梅樹。梅園主人是一位退休的警官，但目前是聘請在地的「藍波先生」代為管理，藍波開始詳細地跟我介紹梅園的特色與他日常管理的工作內容，原住民的熱情著實融化了旅人的心。

這裡的梅樹看起來與西伯梅園、互助村的好不一樣，因為經過專人的管理，所以生長的梅樹相對地樹型較為優美與健碩，就連花苞也不太一樣，只要靠近看，就能看出這裡的花朵圓而厚。聽說這裡結出來的梅子是當地最大顆的，要確認只能等到三月底梅子採收才知道，有機會的

話我還真想再訪，來看看梅子究竟有沒有傳說中的那麼大！

還有事情要忙的藍波先生，讓我獨自悠遊在梅園中獨享梅園風景。新生村梅園占地頗大，少說也種植了百棵以上的梅樹，加上山坡地形，可以從至高點往下拍或站在底下往上拍，角度都非常好。這裡最特別的還有地上鋪上的花毯，是一整片的「咸豐草」，那小巧的白色花朵與樹上的梅花相映成趣，形成一幅樹上有花、地上也有花的逗趣畫面，豐富了旅人的視界。

一個人就這樣踩著自在的旅行步伐，享受不被打擾的賞梅情調，記錄著這一刻梅園風景，直到拍得滿足了，才離開這片退休警官家的梅園。✽

交通指南

開車　國道1號或國道3號→轉國道6號→國姓交流道下→臺14線省道→在國姓轉133縣道→轉臺21線省道→接投80鄉道即可抵達。

周邊景點

惠蓀林場

地址：南投縣仁愛鄉新生村山林巷1號　電話：049-2942001　營業時間：全天開放

食在好味

定緣居（馬告嵩咖啡）

地址：南投縣仁愛鄉新生村山林巷13-1號　電話：0937-735623

惠蓀林場地圖　定緣居地圖

互助國小

忽逢梅花林，夾岸數百步

互助村踏尋「梅花源」

大家都知道南投縣信義鄉是梅花的故鄉，也是相當有名氣的賞梅景點區域之一，但我們這次不走信義，反而是往南投另一處高山——「仁愛鄉」賞梅去。

問起仁愛鄉的賞梅祕境，大家總回答：只要定位互助國小，就能輕鬆到達部落裡的「梅花源」了。循著導航來到這座幽靜的山中小學，賽德克族的男女圖像就刻畫在司令臺後方的建築上。廣闊的迷你小學，少了圍牆的圈錮，隱身在群山的擁抱之中，想必在這上學的孩子，每天應該都是充滿活力在奔跑吧！

學校旁可以看見山坡上覆蓋著滿滿梅雪，前方就是賞梅步道了。漫步走進這梅林幽徑之中，令人陶醉的氛圍蔓延，思緒即刻浮現出陶淵明的〈桃花源記〉，於是小小改編了陶大師的創作：忽逢「梅花林」，夾岸數百步，中無雜樹，芳草鮮美，落英繽紛，旅人甚異之。

賞花期／**1月上旬～1月下旬**

互助國小

地址：南投縣仁愛鄉中華路19號（互助國小）

地圖

會說故事的壯麗梅樹

這裡的梅園是滿山遍野型，時而緊密茂盛，時而稀疏影單，但多數梅樹密集區都會讓人沉醉於此而忘了身在何處，就這樣和我一起在梅花林中迷醉吧！

在這賞梅的感覺非常不一樣，不是刻板印象裡的景觀梅園，不是冰霜冷傲的梅。滿覆山林的梅是壯麗的，整座梅山的梅樹又高又大，自有一套生存規則，又充滿故事性，彷彿走訪在最原汁原味的賽德克鄉道路上，梅樹代表著堅忍不拔的民族精神，令人心生敬畏！

每個人賞梅都有不一樣的腳步和心情，已是二訪互助村梅花的我，再次選擇以慢步和窺視的心情，寫下屬於自己最感動的賞梅遊記。挺喜歡這裡的梅樹每棵都有自己的個性，主宰著自己究竟預備在什麼樣的位置落地生存，大石旁、綠叢間、道路邊，沒有規則就是這裡的規則。

能在這樣和煦的陽光下旅行、賞梅、散步的感覺真好，隨處一隅都能捕捉到帶著滿滿感動和幸福的畫面。以藍天作為梅花的畫布，畫出它那最熱情綻放、爭豔卻看不出心機的完美姿態，高雅的氣息渲染了這片大地，別再說它冰冷高傲了，它真的一點都不冷傲！✽

交通指南

開車

國道3號→霧峰交流道接國道6號→國姓交流道下→接臺14線省道→在國姓轉133縣道→轉臺21線省道→接投80鄉道3K右轉上坡到達互助國小。

周邊景點

北港溪溫泉區（詳細資訊請見255頁）

食在好味

國姓鄉村民宿餐廳

地址：南投縣國姓鄉北原路59-1號

電話：049-2461773

私房客家美食餐廳

地址：南投縣國姓鄉北原路30-10號

電話：049-2461300 營業時間：10:00～21:00

國姓鄉村民宿餐廳地圖

私房客家美食餐廳地圖

柳家梅園

遇見動人的綠意梅景，滿腹詩句湧上心頭

賞花期／**1月上旬～1月下旬**

打翻調色盤的梅景

牛稠坑柳家梅園擁有絕佳的綠意梅景，開放的公共空間裡提供多種賞花參觀動線，加上賞梅區占地廣大，倒不會覺得人潮過於擁塞。初次到訪柳家梅園，便悄悄地愛上這個滿是油綠大地和蔚藍天空的院子，連續兩週再訪，還是覺得這兒的一景一物百看不

柳家梅園

地址：南投縣信義鄉自強村牛稠坑陽和巷87號　電話：049-2831191／2831190

營業時間：8:00～18:00

地圖

膩，似乎這裡的梅景有著不思議的魔力，吸引著人們嚮往著、沉醉著、感動著，在這個無限的空間享受無比的幸福。

柳家梅園的大地擁著一大片的青綠，老梅樹亂中有序地擺著各式慵懶舒適的姿態，或站或蹲，歡迎我們的到來，而初訪的心情更教人迫不及待地狂按快門。旅行總是帶給我滿滿的感動，因為無法預知下一刻出現在眼前的景色究竟會多麼令人驚呼。

媲美日本的賞花氛圍

走訪柳家梅園的每一處角落，漆得亮眼的小紅車、排列整齊的小陶甕、可愛的樹幹小椅，全是

這裡的特色小物，也為梅園增添幾分詩意。老梅倚著三合院古厝更是山中難得的賞梅景致，立即折服了我，心底連續浮現二段字句：「年年歲歲花相似，歲歲年年人不同」、「花開堪折直須折，莫待無花空折枝」，想到時間是最冷酷的，把握住當下的美好（機會）才是最重要的！

早晨陽光乍現，耀眼卻不刺眼，眼前的綠意波動著眼簾，吐納之間梅花的嬌巧毓秀如實呈現，看著眼前爆炸的梅花，帶給人滿腹的詩意，真是「不經一番寒徹骨，焉得梅花撲鼻香」。點點白梅那最純淨的白與天地間各一抹藍綠，用最清新的簡約色調，創造出一方舒適自在的小天

·交通指南·

開車 路線一：國道3號南下→名間交流道下→臺3線左轉→臺16線往集集、水里→臺21線省道直行至95.5K→右轉投59鄉道上新鄉、牛稠坑11K左轉150M即可抵達。 路線二：國道3號北上→竹山交流道下→臺3線左轉約1K三叉路臺丙線直行→臺16線往集集、水里→臺21線省道至95.5K→右轉投59鄉道上新鄉、牛稠坑11K左轉150M即可抵達。

大眾運輸工具 客運：搭臺鐵到二水站，轉集集線到水里站，改搭員林客運到「新鄉」（一天三班），步行1.5公里即可抵達。

·周邊景點·

信義鄉農會梅子夢工廠（酒莊）

（詳細資訊請見235頁）

·食在好味·

頂峰民宿、喜覺支梅園餐廳

（詳細資訊請見232、235頁）

地，連粗獷的城牆也正在和梅花逗趣對話呢！

拍攝樹影下各自對稱的表情，拍下旅人們對梅花的萬分情感，梅花、樹影，再再令人沉醉，教人錯置在日本賞花的氛圍中。這裡真的是臺灣嗎？有一家人正鋪坐在梅樹下，任憑微風、梅花瓣於眼前穿梭飄落，四周盈滿笑鬧聲，真是再幸福不過的小事！就用小確幸指數破表、吸睛力十足的美好畫面，當作這段旅程最美好的回憶。✽

烏松崙渡假營

遠山映襯草毯的闊綠，繁星點點的梅景點綴山頭

賞花期／**1月上旬～1月下旬**

烏松崙渡假營

地址：南投縣信義鄉自強村綠美巷46-1號

官網　地圖

踏尋世外「梅」源

在開放式的烏松崙渡假營裡擁有完整的賞梅步道，沿途可見成千上百棵梅樹就錯落兩旁，每走前一步，眼中滿是收覆著草毯的闊綠和繁星點點的梅景，除了可以繼續登高欣賞群山被梅雪覆蓋的壯麗風光，也是個環境清幽、適合各年齡層踏青走訪的美地，讓第一次來到烏松崙賞梅的我便深深愛上！

一天好心情就從山上這一大片雪白開始，梅雪覆蓋了整座山頭，一時間差點誤以為自己置身在靄靄白雪的高山，但其實這裡是南投賞梅最熱門的景點——「烏松崙森林渡假營賞梅區」。沿著烏松崙林道的里程牌誌，我們從六點五K的小徑進入烏松崙渡假營（石家梅園）中，開放式的賞梅園區讓人可以用更貼近的距離欣賞梅花的冷豔，品味它的不孤寂。看著小巧潔白的梅花滿開在枝頭，興奮的心情油然而生，心想：天呀！梅花正在大盛開呢！

遠山映著綠景，踏雪尋梅的腳

步可以放得更慢些。清新的空氣拂身與不時滑過耳尖的清晰鳥語，面前雖是霜天冷傲的淡定，卻讓人們的心情無法淡定；從踏進烏松崙梅園開始，每個腳步一步步地越走越慢，只因眼前的世外「梅」源實在太美，就連油菜花都打直了腰桿，想與它爭豔。陽光下的梅花更顯冷傲，帶著神聖不可侵犯的非凡氣質，卻不孤寂。每棵梅樹上像是住著數百萬隻靈巧的小精靈，隨時隨地盡情嬉鬧著，氛圍活潑並充滿熱力。

老梅與枯石的視覺饗宴

每往前一步都步步驚心，「老梅與枯石」是多麼棒的題材畫面！烏松崙的環境幽美，連遊客

也喜歡逗留，更是愛攝影的大師們無法錯過的絕色佳景。越往上走，坡度愈高，梅花越長越繁密，環境也越走越清幽雅靜，登高欣賞群山間的梅園風光，讓人心境豁然開朗。山腰還有一處觀景平臺，可遙望山坡間的景致風光，寄情於白梅綠草間，將大自然的無數感動盡收眼底。

既然來到這兒，遠離了喧囂的城市，不妨就在這片有著無限闊綠與閒適幽靜的梅園，覓得一隅紅巾鋪蓋、熱情溫暖的小天地，坐下來享受梅雪拂面，盡情當個偽貴婦吧！與三五好友集聚於此，可以閒話家常，也能獨自沉思半晌，一時半刻都充滿愉悅。

沿途綠意盎然，景色動人，教人忘卻冬季的嚴寒，滿心盼望著春天的腳步應該不遠了。為了這片美到翻掉的梅景，我們兩個小女生嘰哩呱啦地拌著嘴：「你要微笑！」、「再笑開心一點！」就算嘴都裂笑到耳下了，也要拍下美美照片的我們，成功寫下這曾經擁有的最美回憶。

烏松崙每個轉彎都有最美的「梅景」，梅景當前，你還在等什麼呢？快來這裡感受隨處可得的滿滿幸福吧！✽

周邊景點

信義鄉農會梅子夢工廠

（酒莊）（詳細資訊請見235頁）

食在好味

阿嬤ㄟ私房菜

地址：南投縣信義鄉自強村綠美巷33號　電話：0910-181952

阿嬤ㄟ私房菜地圖

交通指南

開車　路線一：國道1號南下→南屯交流道下→接國道3號→名間交流道下→接臺16線往集集、水里方向→接臺21線往信義方向→信義分局對面右轉（臺21線88.6K）→投59線→愛國橋→自愛橋→1.4K烏松崙入口可抵達。　路線二：國道3號→竹山交流道下→往集集方向前進→接臺16線往水里→接臺21線往信義方向→信義分局對面右轉（臺21線88.6K）→投59線→愛國橋→自愛橋→1.4K烏松崙入口可抵達。

杉林溪森林生態渡假園區

難忘碧藍色奶昔湖景，鬱金香等百花齊放

遊賞鬱金香和櫻花的願望一次滿足

把握冬日時光，安排出遊到杉林溪森林生態渡假園區賞花去。南投旅遊景點杉林溪真是個四季如春、爬山健身、出遊賞花的好去處，這兒一年四季都有獨特的賞花、生態植物及昆蟲季主題。

賞花期／1月上旬～2月下旬

杉林溪森林生態渡假園區

地址：南投縣竹山鎮大鞍里溪山路6號　電話：049-2611217

官網　地圖

每年一到杉林溪花季，繽紛多彩的花兒便接力綻放，從浪漫的鬱金香花田、高貴迷人的牡丹展，到喜氣洋溢的繡球花大爆炸，一連串的爭豔盛況，讓上山賞遊的遊客們大飽眼福。除了花季賞遊外，杉林溪的綠色步道也吸引著愛登山健行的背包客趨之若鶩，爭往山上體驗芬多精環身的舒服暢快，享受杉木參天的森林浴。

山中旅行的腳步正式邁開！沿途路經有復古建築外觀的杉林溪「紅樓」，這裡設有木藝館、茶藝館，可以供遊客參觀及休憩品茗。這次上山旅行的目的主要是為了鬱金香花季而來，卻意外趕上櫻雪滿開時刻，真是太幸運

了！每年一至二月為杉林溪鬱金香花季，現在又多了杉林溪櫻花季，一次滿足旅人的兩個賞花願望。

杉林溪大飯店溪岸的兩側，現在種植了不少粉紅櫻花樹，盛開期間將青綠的山林點綴得好繽紛，幸福的感覺油然而生。此次杉林溪之行真是充滿驚喜。回到杉林溪大飯店的入口處，服務人員告知可以在前面的樹下招攬遊園車前往松瀧岩方向，去程我們就用搭車的方式直接攻頂，保留一些體力，下山再用慢步方式欣賞這座森林的美麗景致。搭乘遊園車單程每人四十元，主題會館是起點站，一路上的大站有：杉林溪大飯店、紅樓、藥花園等，

交通指南

開車　路線一：國道1號南下→中港路交流道→臺74線中彰快速道路接國道3號 → 快官交流道→竹山交流道下 → 省道3 號竹山往鹿谷、溪頭方向→151號縣道竹山往溪頭方向 → 至溪頭 → 轉溪阿公路17公里即可抵達。　路線二：國道3號北上→ 竹山交流道、南雲交流道、斗六交流道下皆可→ 省道3 號竹山往鹿谷、溪頭→151號縣道竹山往鹿谷方向 → 至溪頭 → 轉溪阿公路17公里即可抵達。　路線三：國道1號北上→ 斗南交流道下→ 省道3號斗六、竹山、鹿谷、溪頭→ 至竹山→151號縣道竹山往鹿谷方向 → 至溪頭 → 轉溪阿公路17公里即可抵達。

大眾運輸工具　客運：搭乘臺鐵至臺中火車站下車，轉搭員林客運往杉林溪方向，到「杉林溪站」下車步行即可抵達。

皆可招手攬車，上車付費，終點站為松瀧岩。

必訪松瀧岩瀑布

抵達終點站「松瀧岩」，這裡有杉林溪必訪名勝之一的「松瀧岩瀑布」，除了瀑布，還有九九吊橋、天地眼、千古紅檜等，可串聯慢遊，周邊風景十分怡人。松瀧岩生態池裡的魚類、兩棲類生態也很豐富，有機會還能看見保育類物種。

由右而上以逆時針的方向朝松瀧岩瀑布前進，因為這天是平日來訪，人潮非常少，旅行的心情也格外舒暢，徜徉在一片極放鬆的氛圍中，不疾不徐地欣賞大自然美景。松瀧岩瀑布有著讓人忍不住發出讚歎聲的美麗鐘乳石岩洞奇景，大自然鬼斧神工的創作令人留下深刻的印象，搭配山中飛瀑的絕景，讓身心靈都獲得釋放，感覺好輕鬆。

松瀧岩瀑布氣勢磅礡的飛涓奔流而下，站在對面的觀景平臺上直接感受水絲從臉頰飄忽而過，獲得一份無比的清涼感。據聞白

瀑濺起的水絲含有豐富的陰離子，每立方公分含量二至五萬，陰離子有「空氣維他命」之稱，是大自然最精華的部分。

觀瀑平臺的木製格柵，經年累月受水分滋潤，還有特別的青苔紋身，挺特別也挺美的；這裡的樹木大都穿上綠色毛衣，獨具一格外，鮮嫩的綠也讓人眼睛舒服。走在宛如人間仙境的散步道，如此慢步森呼吸，真是讓人舒心愉悅的旅遊行程。

森林步道順勢而下，選擇遊園車往來的柏油道路，對於有長輩或小孩同行的旅人來說會比較好走，但要提醒一下，柏油路面不大，如果遊園車經過，一定要禮

讓大車先行，注意安全喔！山中不經意的一隅，如夢似幻的畫中美景即在眼前，絕美景色讓人邊走邊逗留，寄情忘憂於山谷中。

大約步行二十分即抵達杉林溪賞花名勝景點——「內花園」，適逢鬱金香盛開的季節，一起來欣賞盛綻與繽紛的花之圓舞曲吧！各式不同顏色品種的鬱金香花兒，正精神奕奕地怒放比美著，紅的、紫的、白的、粉的……各個嬌豔欲滴，全都美豔極了！

內花園的設計宛如室內迷宮花園，搭配應景的花園布置，就像來到夢幻的花世界，到處都有令人佇足流連的美景。這裡四季各有不同的花朵接力上場展演，值得在不同時節到此一遊，感受杉林溪的迷人魅力。✽

周邊景點

忘憂森林

地址：南投縣竹山鎮溪山路3-25號
電話：0926-395792　營業時間：10:00～16:00／週三、週四公休（建議中午前抵達，山上午後多濃霧）

溪頭自然教育園區

地址：南投縣鹿谷鄉森林巷9號
電話：049-2612111
營業時間：07:00～17:00

忘憂森林地圖　溪頭自然教育園區地圖

食在好味

溪頭米堤大飯店

地址：南投縣鹿谷鄉米堤街1號
電話：049-2612222　營業時間：11:00～22:30

武岫農圃

地址：南投縣鹿谷鄉羊灣巷800-11號　電話：049-2009018　營業時間：08:00～17:00

溪頭米堤大飯店地圖　武岫農圃地圖

小木屋鮭魚葡萄梅花隧道

遊賞夢幻梅花隧道，白色精靈在枝頭搖曳

新社也有梅花撲鼻香

提起臺中新社，大家最熟悉的一定是「新社花海」；不過十一月底的花海季已過，這次再來到新社地方，準備要往埔里方向的新社區福興里，探訪「新社梅花」的蹤跡。

新社賞梅與南投信義鄉、仁愛鄉的氛圍情境大不相同，沒有滿山遍野式的廣大梅園，其特色是精巧迷你型園區。出發前先詢問好友確切賞梅的路程與位置，經詳細的說明後，出發日一早很快抵達「小木屋鮭魚葡萄」，這裡是距離梅花隧道較近且有免費停車位的店家。

在小木屋前方就能看見廣大的停車場，與小木屋鮭魚葡萄的老闆打過招呼後，老闆十分熱心地說明梅花隧道與梅花森林的位置與走法，依循老闆的指示，先到位於附近的梅花森林。梅花森林的位置較梅花隧道高，剛好當天車上帶著小折，騎小折大約五分鐘就到了（走路約十至十五分鐘）！

賞花期／**1月中旬～2月中旬**

小木屋鮭魚葡萄梅花隧道

地址：臺中市新社區福興里美林43號（大林國小旁）

地圖

來得早了些，當日花況約二至三成花開，不過在新社區看見疏落梅雪覆蓋還是令人興奮不已；順著小山路慢慢騎上去，大約再騎個一百公尺就能看見一大片的梅園景象。

漫步雪白梅花隧道

停留約十分鐘，再度騎上小折，沿著蜿蜒的小巷，從上方的梅園蹓躂到地勢較低的梅花隧道。梅花隧道倚偎在河床邊，窄窄的小徑被兩旁的梅樹相互攀覆延伸，形成一條夢幻的梅花隧道；在梅花隧道裡，賞梅的散步道路不大，有時還需彎著身、低著頭才能走過，這也是有別於其

他賞梅地的不同賞花趣味。

賞梅過程巧遇梅園主人正在修剪梅枝，加上一個女子獨身旅行引發好奇，梅園主人開始和我暢聊，聽他述說種梅的歷程與生活外，還熱情地請我吃他自製的冰糖梅釀，梅釀的味道挺不錯的！

盛開的梅花隧道是條白花花的夢幻隧道，白花瓣在陽光照耀下，花朵更顯白淨通透，梅花齊開的景色震撼了來訪旅人。原以為盛開著茂密梅花的隧道可能會比較陰暗，沒想到呈現在眼前的梅景卻是如此明亮與光采動人。梅花隧道內採光極佳，每朵花都像顆白色小燈泡，也像極了一個個坐在枝頭揮動透明翅膀的小精靈呢！

漫步雪白梅花隧道，一邊整理思緒，一邊感受冬日暖陽的溫度，這是我很喜歡的一種旅行方式，因為是用微笑與活力寫下的深刻回憶。

新社梅花的面積不算大，但賞花氛圍相當夢幻。一月分來到新社可以賞梅花，陸續也有桃李花海，農曆新年則可觀賞櫻花，初夏的四月還有螢火蟲季，是不是讓人很想出發來新社這個地方旅行了呢？✽

周邊景點

新社古堡莊園

（詳細資訊請見29頁）

食在好味

新社仙塘跡餐廳

地址：臺中市石岡區萬仙街仙塘坪巷2號　電話：04-25810695　營業時間：11:30～14:00／17:00～20:30

新社仙塘跡餐廳地圖

交通指南

開車

國道3號→接國道4號走到底下豐原交流道→走臺三線省道經石岡往東勢方向→過東勢大橋後右轉接臺8線省道中橫公路→13K右轉臺21線0.5K即可到達。

薰衣草森林

尋味薰衣草森林，來一場優質旅行

賞花期 / **1 月下旬～ 3 月下旬**

薰衣草森林
地址：臺中市新社區中興街20號
電話：04-25931066　營業時間：週一～週五 10:30～18:30，週六、週日10:00～18:30

官網　地圖

就為了圓一個夢

旅行的本質是什麼？玩樂大笑、舒服放鬆、簡單自由、甜蜜熱鬧……隨著心情的變化，每個時刻想要的旅行都不一樣，但一定會想要一個擁有美好記憶的旅程。

出發到薰衣草森林前，曾在

薰衣草森林的官網上爬文，找尋薰衣草森林的開創理念。看完一篇可愛的小圖文後，印象還停留在「為了一圓這樣的憧憬與追求簡單純樸的生活，兩人扛著全部的家當來到山很多樹很多的中和村」這句話裡，這是多少個小夢想聚集而成的大勇氣才足以實踐，而在遊訪薰衣草森林的每個角落時，也能一一發現她們的用心。用心經營簡單旅行的氛圍，靠著氣味堆疊指引旅人的腳步，讓五感深刻地填滿旅行回憶，實踐夢想與旅行並存，寫著你和妳、他與她的小故事。

療癒的薰衣草森林

冬末與初春交接的時節充滿著

希望，希望一場美好旅途就此展開。這裡有童年、有浪漫，還有故事；這裡能旅行、能作夢、還有美食……

喜歡漫遊在紫色森林裡，隨處都能有個坐下來讀故事的椅子；森林中的旋轉木馬帶人走進童稚天真的童年，可以無憂無慮地像個孩子在森林裡手舞足蹈、拍著小手，感受「簡單、美好與旅行」。喜歡什麼樣的旅行味道，全由自己主宰，是要美食？花草？看上眼的就好好把握！

旅行的本質是和自己相處，達成內心所渴望的，而心情也會隨著四季風景的更迭而有不同的變化。這裡的空氣到處瀰漫一股薰

入園費用

入園券：100元／人（不分平假日，入園券可全額折抵園區內消費），65歲以上、國小2年級以下、身心障礙朋友及1名陪同者出示證件可免費入園）

營業時間：週一～週五 10:30～18:30，週六、週日10:00～18:30

交通指南

開車

國道1號或國道3號→接國道4號→接臺3線省道→石岡→東勢→臺8線省道至龍安橋→轉中95道路→白冷圳→中和村即可抵達。

大眾運輸工具

客運：搭乘火車或客運到臺中火車站，轉搭豐原客運臺中往新社方向班車至新社中興嶺的「新二站」後，轉搭接駁車或計程車即可抵達。（◆註：新社接駁車業者：0910-956339／0911-885230 許先生，因接駁車為當地業者經營，採預約制，建議盡早預約。若自新社中興嶺搭計程車，車資大約500元。）

周邊景點

沐心泉休閒農場、新社古堡莊園（詳細資訊請見140、29頁）

食在好味

桃李河畔（詳細資訊請見143頁）

衣草芬芳療癒的氣息，有空就來這兒旅行吧！相信你也會愛上薰衣草森林的。✿

愛生活 36

一年四季賞花輕旅行：
邂逅臺灣之美，花現四季繽紛色彩

作者	陳怡珊 13
責任編輯	張晶惠
發行人	蔡澤蘋
出版	健行文化出版事業有限公司 臺北市八德路 3 段 12 巷 57 弄 40 號 電話／ 02-25776564・ 傳真／ 25789205 郵政劃撥／ 0112263-4
九歌文學網	www.chiuko.com.tw
印刷	前進彩藝有限公司
法律顧問	龍躍天律師 ・ 蕭雄淋律師 ・ 董安丹律師
發行	九歌出版社有限公司 臺北市八德路 3 段 12 巷 57 弄 40 號 電話／ 25776564・ 傳真／ 25789205
初版	2017 年 5 月
定價	380 元

書號	0207036
ISBN	978-986-94307-2-2 （缺頁、破損或裝訂錯誤，請寄回本公司更換）

國家圖書館出版品預行編目 (CIP) 資料

一年四季賞花輕旅行：邂逅臺灣之美，花現四季繽紛色彩 / 陳怡珊 13 著 .
-- 初版 . -- 臺北市：健行文化出版：九歌發行 , 2017.05
面；　公分 . -- (愛生活 ; 36)
ISBN 978-986-94307-2-2(平裝)

1. 臺灣遊記 2. 賞花

733.69　106002938